KB163683

J. D. 샐린저와
호밀밭의 파수꾼

차례
Contents

은둔의 작가 샐린저

1950년대 미국 대학생들의 경전이었던 『호밀밭의 파수꾼 *The Catcher in the Rye*』으로 전 세계에 '샐린저 현상'을 일으킨 J. D. 샐린저(Jerome David Salinger)는 오늘날 토머스 핀천 (Thomas Pynchon)과 더불어 가장 철저하게 베일에 가려진 현대작가 중 한 사람이다. 1965년 이후 사회로부터 떠나 은둔을 시작한 샐린저는 이후 한번도 공식석상에 모습을 나타낸 적이 없으며, 극소수의 측근을 제외하고는 그 누구와도 만나거나 교류한 적이 없어서 그의 근영이나 행방을 아는 사람은 아무도 없다. 더구나 지난 40여 년 동안 절필한 채, 더 이상 글을 쓰지 않고 있기 때문에 인세를 지급할 때를 제외하고는 그의 출판사조차도 이제는 그와 연락하기가 어렵게 되고 말았다.

그러므로 뉴햄프셔 주 코니쉬에서 살고 있으리라는 추측 외에, 그의 근황에 대해 알려진 것은 거의 없다.

영국의 전기 작가 이언 해밀턴(Ian Hamilton)은 『샐린저를 찾아서 In search of J. D. Salinger』(1988)라는 책에서, 랜덤하우스 출판사의 부탁으로 샐린저의 전기를 쓰기 위해 도움을 요청하는 편지를 샐린저에게 보냈으나 아무런 답이 없었다고 밝히고 있다. 사실 샐린저는 그동안 그런 편지를 수백 통도 넘게 받았을 것이고, 거기 일일이 다 답장을 쓸 필요를 느끼지 못했을 것이다. 해밀턴은 맨해튼 전화번호부에서 샐린저라는 이름을 찾아 편지를 보냈는데, 그중 두 통이 샐린저의 누이와 아들에게 배달되자, 비로소 샐린저로부터 더 이상 자기 가족을 괴롭히지 말아달라는 정중한 경고편지를 받았다고 말한다. "공산주의 국가에서는 작가들이 침묵을 강요당하는데, 샐린저는 스스로를 침묵시켰다"고 해밀턴은 적고 있다.

이후 샐린저는 해밀턴의 전기가 출간되지 못하도록 법원에 금지신청을 냈고, 미연방 법원은 샐린저 편을 들어주어, 해밀턴은 자신의 책을 전기로 내지 못하고 대신 일반연구서로 바꾸어 출간할 수밖에 없었다. 그리고 그 과정에서 전기에 필수적인 샐린저의 편지들의 인용이나 부연 같은 것들은 모두 잘려나가게 되었다.

그러나 샐린저가 원래부터 침묵과 은둔을 택한 것은 아니었다. 초기에 그는 다른 작가 지망생들과 마찬가지로 여러 문예지에 단편원고를 투고하고 애타게 결과를 기다렸으며, 파격적인 내용으로 인해 『호밀밭의 파수꾼』의 출판섭외 또한 순탄하지만은 않았다. 당시만 해도 그는 뉴햄프셔 주의 클레어먼트 고등학교에서 발행하는 『데일리 이글』지의 통신원 셜리 블레이니의 인터뷰 요청에 응하기도 했다. 그러나 약속한 날짜에 자신의 인터뷰가 나오지 않고 나중에 편집 기획으로 게재되자 샐린저는 화가 나서 다시는 그 어떤 인터뷰에도 응하지 않았다고 한다.

그는 또 『호밀밭의 파수꾼』이 출간되었을 때, 뒤표지를 가득채운 자신의 사진에 상당히 부담스러워했으며 사진을 빼달라고 부탁해 결국 3쇄부터는 출판사도 사진을 뺄 수밖에 없었다. 또 원래 극작가 지망생이었던 샐린저는 희곡도 썼고 영화에도 관심이 많았지만, 자신의 작품을 크게 왜곡한 영화를 본 다음부터는 영화를 경원하기 시작했다. 이후 그는 상업주의와 가짜가 횡행하는 현실에 대해 환멸을 느끼고, 점차 사회로부터 멀어져가기 시작했다. 모든 형태의 공적 모임이나 사회로부터 물러난 그는 심지어 1954년부터는 자신의 작품이 작품집(anthology)에 수록되는 것조차도 금지시켰다.

소설 표지에 실렸던
샐린저의 젊었을 때 모습.

『호밀밭의 파수꾼』에서 샐린저는 홀든 콜필드(Holden Caulfield)의 입을 빌어, "정말로 내가 감동하는 책은 말이야. 다 읽고 난 뒤에 그걸 쓴 작가가 친구가 되어, 언제라도 전화를 걸 수 있으면 얼마나 좋을까 하는 기분을 느끼게 하는 책이란다. 하지만 그런 기분을 주는 책은 좀처럼 없지."라고 말한다. 그러나 정작 그 자신은 그 어느 독자의 접근도 철저히 차단하고 있는 패러독스를 보여주고 있다.

「파인딩 포레스터」와 샐린저 찾기

얼마 전 개봉되어 화제를 뿌렸던 영화 「파인딩 포레스터 *Finding Forrester*」가 샐린저를 모델로 했다는 세간의 추측도 바로 그런 맥락에서일 것이다. 샐린저 역시 포레스터처럼 가짜가 판치는 저속한 세상이 싫어 속세와의 인연을 끊고 은둔을 택했다고 알려져 있기 때문이다. 영화에서 포레스터는 우연히 만난 흑인소년을 통해 다시 현실세계로 나오게 되고, 그에게 자신의 창작기법을 전수해준다. 그러나 샐린저는 세상과 괴리된 채, 여전히 칩거와 은둔에서 나오지 않고 있다.

「파인딩 포레스터」는 샐린저와 연관해 문학의 현재와 미래에 대해 많은 성찰을 해주는 영화다. 이 영화에서 화려한 인기를 뒤로하고 홀연 사람들의 기억에서 사라진 작가는 마치 허위와 가짜가 싫어 은둔함으로써 문단에서 사라진 샐린저의 상징처럼 보인다.

샐린저처럼 한편의 위대한 장편소설을 써낸 후 전설적인 작가가 된 윌리엄 포레스터는 지난 40년 동안 사우스 브롱스의 아파트에 은거한 채 외부세계와 단절해 칩거한다. 일체 외출도 하지 않고, 식료품조차도 배달시키며 살고 있는 40년 동안 그가 사는 주거지역은 차츰 흑인들의 빈민가로 변하는데, 이는 곧 샐린저가 혐오했던 순수의 오염이자 대중문화의 침범에 대한 고도의 상징이라고 할 수 있다. 포레스터는 이제 흑인 빈민가 속에서 완전히 고립되어 홀로 살고 있는데, 그의 칩거는 아마도 상업주의적이고 위선적인 현실에 대한 환멸과, 사이비작가들과 저급한 독자들로부터 문학의 순수성을 지키기 위한 상징적 행위라고 할 수 있다. 그러는 동안, 그는 샐린저처럼 점점 더 현실과 괴리된 괴팍한 노인이 되어간다.

　그러던 어느 날 흑인 작가 지망생 자말 월러스가 그 앞에 나타난다. 공놀이를 하다가 우연히 은둔해있던 작가 포레스터를 찾아낸 자말은 그 노 작가를 차츰 현실세계로 이끌어낸다. 고집쟁이 백인 노인 포레스터로 하여금 견고한 자아의 패각을 깨고 바깥세상으로 다시 나오도록 한 사람이 흑인 소년이자 운동선수라는 사실은 대단히 상징적이다. 흑인이나 운동선수라는 점은 구시대 인물은 포레스터가 볼 때 작가와는 별 관계가 없는 상황이지만, 시대가 변한 오늘날에는 그러한 것들은 오히려 문학을 활성화시키고 확장시킬 수도 있는 좋은 요건이 되기도 한다. 더욱이 월러스가 순진한 소년이라는 점은 경험 많고 완고한 노인을 유연하게 만들 수 있는 좋은 요인이 된다.

그런 의미에서 포레스터가 근대적(모더니즘적) 의미의 작가라면, 월러스는 탈근대적(포스트모던적) 의미의 작가라고 할 수 있다. 현대의 작가들은 굳이 백인일 필요도 없고, 현실로부터 고립된 은둔자일 필요도 없으며, 문학에만 전념하지도 않는다. 포스트모던 상황에서 그들은 유색인종일 수도 있고, 일상현실 속의 인물일 수도 있으며, 농구선수일 수도 있다. 두 사람의 관계가 모던과 포스트모던임을 상징적으로 보여주는 장면 중 하나가 바로 포레스터의 작품을 월러스가 타자로 다시 타이핑하고(베끼고), 그것을 개작해 자기 것으로 만드는 과정이다. 원본과 복사본, 또는 원작과 패러디 등의 문제를 성찰하게 해주는 이 상황은 결국 나중에 또 다른 모더니즘 작가의 고발에 의해 표절시비에 휘말리게 된다.

은둔자인 포레스터를 데리고 처음으로 외출하던 날, 월러스는 그를 수많은 사람들이 북적대는 운동경기장으로 데려간다. 난장판 같은 그곳에서 포레스터(비록 스펠링은 다르지만 이 이름은 어원상 '숲 속의 사람'을 의미한다)가 길을 잃고 현기증을 일으키는 장면은 바로 현대의 멀티미디어적 상황과 범람하는 대중문화 사회에서 전통적 순수문학 작가들이 느끼는 미로의식과 구토의식을 은유적으로 보여주고 있는 적절한 장치라고 할 수 있다.

그러나 포레스터라고 해서 완벽하게 순수문학에만 매달려 사는 것은 아니다. 그의 아파트에서 대중잡지를 발견한 자말이, 고급문학 작가가 왜 그런 잡지를 보느냐고 묻자, 포레스터는 "너는 밥만 먹고 디저트는 안 먹느냐? 대중잡지는 바로 디저트와도 같은 것이다."라는 의미심장한 대답을 한다. 그럼에도, 달리는 자동차들 사이로 혼자 자전거를 타고 다니는 포레스터의 모습은 어쩐지 연약하고 철지난 오늘날의 문학을 상징하는 것처럼 보인다(물론 동시에 그것을 전통적 작가의 고고한 모습으로 해석할 수도 있을 것이다). 영화 내내 등장하는 타자기 또한 컴퓨터 자판기에 의해 밀려난 구식 글쓰기의 상징으로 볼 수도 있고, 동시에 현대문명의 편리함을 거부하는 문학의 상징적 자존심으로도 볼 수 있다. 영화의 마지막에 포레스터가 암으로 죽었다는 소식 또한 급변하는 시대에 밀려 사라져 가는 문학의 모습을 향수 속에 보여주고 있지만, 동시에 오직 문학에만 전념했던 한 예술가의 고결한 삶을 회상하게 해주기도 한다.

죽기 전, 포레스터는 대중 앞에 모습을 드러내지 않는다는 자신의 신념을 굽히고 월러스를 작가로 만들어주기 위해 학교에 나타나 작품을 낭송한다. 그가 낭송한 것은 물론 자기 것이 아니라 월러스의 것이다. 포레스터가 순수와 고립을 버리고 대중 앞에서 젊은 예비작가의 작품을 낭송하고 그를 옹호해주는 장면은 전통문학과 현대문학, 순수문학과 대중문학, 또는 모더니즘 문학과 포스트모더니즘 문학 사이의 궁극적 화해와 상호인정을 상징하는 것처럼 보인다. 포레스터가 경멸하는 사이비 작가이자 실패한 모더니즘 작가를 대표하는 크로포드 선생은 포레스터와는 달리 제도권인 학교 문학교사가 되어 월러스의 문학적 소양을 부인하고 젊은 예비작가의 재능을 질투한다. 그러나 결국 승리하는 것은 제도권의 경직된 문학교육이 아니라, 포레스터 같은 대가의 개인적인 가르침이다.

프레스터는 죽으면서 월러스에게 자기가 은둔했던 아파트의 열쇠를 유산으로 물려준다. 그리고 바로 그 순간 과거와 현재, 그리고 전통과 혁신은 서로 이해하고 화해하며, 문학의 역사는 한 세대로부터 다른 세대로 이어진다. 월러스 역시 상업적인 이익 때문에 문학을 포기하지는 않는다. 노 작가를 표절했다는 이유로 퇴학을 당하게 되었을 때, 학교는 그에게 운동 경기에서만 이겨주면 그의 문학적 문제는 개의치 않겠다고 제안한다. 월리스는 문학을 포기하고 경기장의 영웅으로 남을 수도 있었다. 그러나 그는 의도적으로 자유투를 성공시키지 않음으로써 그러한 제안을 거부하고, 끝내 작가로서 인정받는 데 성공한다.

「파인딩 포레스터」는 이렇게 은둔한 작가 샐린저와 연관해, 대중문화와 상업주의 그리고 뉴미디어 시대에 현대문학이 처한 문제들을 심층적으로 성찰하는 데 성공한 뛰어난 영화다. 그럼에도 포레스터와는 달리 샐린저는 아직도 은둔으로부터 나올 기미를 보이지 않고 있다. 하긴 순수성의 상실을 괴로워했던 그가 ─그런 의미에서 샐린저는 모더니즘적 성향을 갖고 있다고도 말할 수 있다─ 순수성이 아예 사라져버린 이 포스트모던 시대에 다시 현실로 나온다면 얼마나 어리둥절해 할 것인가를 생각하면, 샐린저의 은둔과 칩거는 필연적일 수밖에 없지 않겠느냐는 생각이 들기도 한다.

샐린저 현상

『호밀밭의 파수꾼』이 등장한 시대적 배경

미국의 1950년대는 흔히 '정치적 보수주의, 경제적 호황, 그리고 사회적 순응'의 시대로 기억된다. 제2차세계대전 이후 미국인들은 평화와 안정을 선택했고 1952년에 '평화와 번영'을 약속한 공화당의 아이젠하워를 대통령으로 선출했으며, 조셉 매카시 상원의원이 주도한 좌파색출 마녀사냥인 매카시즘의 횡포에 순응했다. 매카시 의원은 정치가들이나 학자들뿐 아니라, 연예계 인사들에도 공산주의자들이 숨어서 체제전복을 꿈꾸고 있다고 선언했으며, 이윽고 대대적인 청문회와 조사가 시작되었다. 역사적으로 유명한 로젠버그 사건이나 히스/

체임버스 사건이 일어난 것도 바로 이때였고, 헐리우드 인사들의 소환과 국회증언으로 영화계가 양분되고 찰리 채플린이 공산주의자로 몰려 다시 영국으로 돌아간 것도 바로 이때였다. 이 수치스러운 시기에 안정과 평화를 바라던 미국인들은 침묵했고, 시인 로버트 로월은 당시를 "진정제를 맞은 50년대(tranquilized Fifties)"라고 불렀다. 그럼에도 당시 미국은 전례 없는 경제적 호황을 누리고 있었다.

제2차세계대전 후 유럽의 주요도시들이 모두 파괴되었고, 유럽의 경제가 전쟁으로 인해 극도로 피폐해 있었을 때, 오직 미국만이 승전국으로서, 그리고 본토에서 전쟁을 치르지 않은 나라로서, 또 군수산업을 통해 경제공황으로부터 벗어난 나라로서 경제적 번영을 누리고 있었다. 당시의 상황을 잰 모리스는 다음과 같이 기록하고 있다.

맨해튼 중심부의 야경은 불야성이었고, 전시에 내려진 모든 제한들은 철폐되었으며, 아무도 오일 부족에 대해 걱정하지 않았다. 맨해튼의 건물들은 퇴근 시에 대낮같이 불을 켜두어서, 뉴욕은 온통 화려한 불빛들로 수놓아졌으며, 구름이 낮게 드리운 날이면 뉴욕의 거대한 스카이라인은 온통 하늘을 뒤덮었다. 세계가 파괴된 당시, 오직 뉴욕만 놀랄만한 스펙타클을 보여주고 있었다. 뉴욕은 거대한 부와 낭비의 상징이었다. 5번가와 파크 애비뉴, 그리고 서튼 플레이스에 있는 천문학적 고가의 아파트들에서 사는 사람들은 대중들의 부러움을 샀고, 캐딜락을 타고 쿠바산 담배를 피우며 정복을 입은 도어맨의 서비스를 받는 사람들은 전혀 질시의 대상이 되지 않았다. 사람들은 모두 출세의 희망을 갖고 있었다.

1950년대에 중산층들은 교외로 이사 가기 시작했으며, 잔디밭에서 바베큐 파티를 열고, 세탁기와 텔레비전 수상기를 들여놓기 시작했다. 미국인들은 가정과 교회와 커뮤니티의 미덕을 존중했고, 정원에는 동양의 약초를 심었으며, 애국심과 건전한 정신을 숭상했다. 샐러리맨들은 단조롭고 모범적인 '회색 플라넬 양복'을 입었고, 여성들은 부엌에 접시세척기나 냉장고나 블렌더(믹서) 등의 전자제품들을 들여놓고 좋아하고 있었으며, 가정에서 부인들을 불러 모아 판매하는 터퍼웨어 파티에 다니기 시작했다.

1950년대는 또 미국인들의 이혼율이 최저로 떨어지고 가족이 중시되었으며 출산율이 높아지던 시대였다. 텔레비전 드라마 역시 가족을 중시하는 홈드라마들이 주종을 이루었으며(예컨대 인기드라마 「비버에게 맡겨줘 Leave It to Beaver」), 빅토리아 시대의 도덕과 품위가 리바이벌되던 시대였다. 심지어는 오늘날 범죄의 온상으로 여겨지는 뉴욕의 센트럴 파크조차 당시는 가족들이 놀러가는 평화로운 곳의 상징이었다. 『호밀밭의 파수꾼』에서 홀든이 센트럴 파크를 자주 거니는 것도 바로 그런 분위기를 나타내기 위한 장치라고 보아 틀림이 없다. 그러한 환경 속에서 미국인들은 순응과 번영의 시대, 그리고 보수주의 시대를 살고 있었다.

그러나 평온한 외관과는 달리, 1950년대의 그러한 모노크롬적 분위기를 불편하게 느끼는 사람들도 생겨났다. 매카시즘은 철저한 반공이데올로기로 정치적 우파만을 허용했고, 소위 정상적인 그룹이나 커뮤니티에서 일탈하는 사람들을 감시하고 억압했다. 당시 미국인들은 경제적 풍요 대신 다양성이 결여된 단일문화와 보이지 않는 정신적 통제를 그 대가로 치르고 있었다. 그래서 고백파 시인들(Confessional Poets)은 내면 속의 문제점들을 천착하기 시작했고, 로버트 로월 같은 시인은 「스컹크들의 시간」이라는 시에서 "시대는 병들고 내 정신도 정상이 아니다."라고 노래했으며, 비평가 어빙 하우는 당시를 "순응의 시대(This Age of Conformity)"라고 불렀다.

샐린저의 『호밀밭의 파수꾼』은 바로 그러한 시대에 정면으로 도전했던 신선하고 도발적인 작품이었으며, 1950년대 초반, 물질적 풍요의 시대에 정신적 빈곤을 고발한 반문화(反文化)의 원조가 되었다. 『호밀밭의 파수꾼』의 주인공 홀든 콜필드가 프렙 스쿨(Preparatory School : 아이비리그에 진학하기 위해 부자들의 자녀들이 다니는 사립 고등학교)에서 낙제해서 자랑스럽게 학교를 떠나는 설정은 바로 그런 맥락에서 위선으로 위장한 점잖은 사회에 대한 저항의 상징처럼 보인다.

당시는 전역군인에게 대학 등록금을 면제해주던 제대군인 법령[G.I. Bill]에 의해 대학생 수가 기하급수적으로 늘어날 때였는데, 『호밀밭의 파수꾼』은 당시 그런 대학생들에게 열렬한 환영을 받았다. 기성세대의 점잖음을 가짜와 위선으로 본 『호밀밭의 파수꾼』은 당시 랠프 앨리슨의 『보이지 않는 인간 The invisible man』(1952), 앨런 긴스버그의 「울부짖음 The Howl」(1956), 잭 케로액의 『노상에서 On the road』(1957) 등의 소설, 노먼 O. 브라운의 명저 『죽음에 반하는 삶 Life against death』(1959), 그리고 제임스 딘이 주연한 영화 「이유 없는 반항」(1955) 등과 더불어 1950년대의 안정과 순응의 사회에 도전한 기념비적 명저로 남아있다.

'샐린저 현상'은 왜 일어났는가?

"1920년대 헤밍웨이와 피츠제럴드를 제외하고는 그 어느 작가도 샐린저만큼 대중적, 비평적 관심을 끌었던 작가는 없었다."라고 시카고대학의 제임스 밀러 교수는 미네소타 작가 시리즈 중 하나인 『J. D. 샐린저』에서 말하고 있다. 과연 샐린저는 1961년 9월 15일자 『타임』지의 표지로 선정되었으며, 당시 그의 인기는 미국뿐 아니라, 전 세계적으로 폭발적이었다. 당시 대학생들은 누구나 샐린저의

『타임』지 표지로 나왔을 때의 모습.

『호밀밭의 파수꾼』을 들고 다녔으며, 자신들을 소설 속 주인공 홀든 콜필드와 동일시했다. 소위 '샐린저 현상'이 전 세계를 휩쓸게 된 것이다.

그렇다면 과연 무엇이 『호밀밭의 파수꾼』을 그토록 유명하게 만들었으며, 그처럼 확고하게 세계명작의 반열에 올려놓았는가? 요즘 다시 읽어보면 그다지 새로울 것도 없는 젊은이의 반항을 다룬 소설인데, 왜 홀든 콜필드는 그처럼 당시 젊은이들에게 강력한 호소력으로 파고들었던 것일까? 물론 지금 읽어도 『호밀밭의 파수꾼』의 구어체 문체는 너무나 자연스럽고, 또 강한 마력으로 독자들을 끌어당긴다. 그럼에도 오늘날의 독자들은 이 소설이 당대에 누렸던 그처럼 폭발적 인기를 이해하기 어려울 것이다.

『호밀밭의 파수꾼』의 인기를 이해하기 위해서는 먼저 1950년대를 전후한 미국사회의 분위기를 알아야만 한다. 1930년대 좌파 진보주의 시대를 겪은 미국사회는 제2차세계대전을 지나 전후사회로 접어든 1940년대 후반부터는 차츰 우파 보수주의를 향해 나아가고 있었다. 파괴적 전쟁을 겪은 제대군인들과 그 가족들은 평화와 안정을 원했고, 그 결과 미국은 1957년 대통령선거에서 민주당의 애들라이 스티븐스 대신 또다시 공화당의 드와이트 아이젠하워를 선택했으며, 조셉 매카시 상원의원이 주도해 현대판 좌파 마녀사냥을 주도한 극우 매카시즘이 사회전반에 걸쳐 횡행하고 있었다. 사람들은 몸을 사렸고, 작가들은 비정치적인 작품들을 썼으며, 사회는 점잖음과 안정을 내세워 보수로 회귀하고 있었다.

가장 비정치적인 작가로 알려진 헨리 제임스와 윌리엄 포크너가 재발견되어 재평가된 것도 바로 이때였고, 솔 벨로 같은 작가들이 정치적 이슈 대신 산업사회에서의 개인의 소외를 주제로 질서를 추구하며 인간의 내면세계를 탐구하기 시작한 것도 바로 이때였다. 또 엘리아 카잔 같은 유능한 감독이 미의회에 불려가 영화계의 좌파들에게 불리한 증언을 한 것도 바로 이때였다.

『호밀밭의 파수꾼』은 바로 그러한 시대적 분위기에 정면 도전하는 도발적인 작품이었다. 학교라는 제도로 표상되는 보수적 기성세대의 위선과 허위를 고발하며, 분연히 학교를 떠나 뉴욕의 거리를 방황하는 홀든 콜필드의 체제 저항적 태도는 당시 억눌려있던 젊은이들의 가슴에 반항의 불을 지피는 기폭제가 되었다. 홀든 콜필드의 거칠 것 없는 언사, 당시로서는 사회적 타부였던 적나라한 욕설, 그리고 시원하게만 느껴지는 그의 저항적 태도는 점잖음을 추구하던 미국문단에도 충격적이었지만, 허위와 기만 속에 안정을 추구하며 살고 있었던 기성세대에도 엄청난 파문을 일으켰다.

더욱 놀라운 것은 『호밀밭의 파수꾼』이 아직은 아무런 체제 저항이 시작되기도 전인 1951년에 발표되었다는 점이다. 그것은 곧 샐린저가 얼마나 시대를 앞서가는 혜안의 작가였는가를 잘 보여주고 있다. 이 기념비적 소설은 이후 시작된 일련의 체제저항운동의 시발점이자 기폭제가 되었다는 점에서 중요한 문학사적 의의를 갖는다고 알려져 있다. 예컨대『호밀밭의 파수꾼』은 1950년대 중반과 후반에 일어난 반체제 움직임인 미국의 '비트운동(The Beat Movement)'과 전후 영국의 진보주의 그룹인 '성난 젊은이들(The Angry Young Men)'의 시효가되었으며, 1960대를 풍미했던 히피문화와 젊은이들의 반문화(counter culture)의 원조가 되었다.

예컨대 홀든 콜필드와 영국의 '성난 젊은이들' 그룹작가인앨런 실리토의『장거리 주자의 고독 *The Loneliness of the Long Distance Runner*』의 스미스가 얼마나 비슷한지는 두 작품을 읽어본 사람은 잘 안다. 또 콜필드가 비트문학의 대표작가 잭 케로액의『노상에서』의 주인공과 얼마나 닮았는지도 두 소설의독자들은 잘 알고 있다. 사실 샐린저의 홀든 콜필드는 1950년대 후반, 비트문화의 영향으로 체제의 상징인 대학을 중퇴한후, 낡은 자동차에 몸을 싣고 대륙횡단 여행을 떠났거나 유럽으로 갔던 모든 미국 젊은이들의 우상이자 원형이었다. 또 홀든 콜필드는 1950년대 스크린에서 제임스 딘이 연기했던 반항아들의 원형이기도 했다. 예컨대 학교와 가정이라는 보수적체제에 저항하는 젊은이들을 그린 제임스 딘의 영화「이유 없는 반항」은 마치『호밀밭의 파수꾼』을 영화화한 것 같은 느낌을 준다. 비록 샐린저가 비트운동을 좋아하지는 않았지만,『호밀밭의 파수꾼』이 비트운동의 모태가 되었다는 사실만큼은부인하기 어려울 것이다.

'비트운동'과 '성난 젊은이들'은 어떤 문화현상이었나?

『호밀밭의 파수꾼』이 제2차세계대전에 참전했던 샐린저의 전후 허무의식과 연관이 있다면, 1950년대 중반 앨런 긴스버그의 장시(長詩) 「울부짖음」과 잭 케로액의 소설 『노상에서』로 시작된 젊은 비트운동 역시 히로시마와 나가사끼에 미군이 투하한 원자폭탄의 참상과 긴밀한 관련이 있다. 원폭 투하의 비참한 결과를 목격한 비트 작가들은 모든 기존 체제에 대한 신념을 잃어버렸으며, 자신들이 허위와 기만 속에 살고 있다고 느끼게 되었다. 비트세대가 체제저항과 찰나주의를 추구하게된 것은 그런 면에서 어쩌면 당연한 귀결이었다.

비트세대나 '성난 젊은이들'이 보는 현대의 역사는 폭력과 파괴, 그리고 배반과 음모로 가득 차 있다(파시즘, 나치즘, 공산주의, 제국주의, 식민주의, 세계대전, 동서의 냉전, 쿠데타, 대학살, 그리고 한 도시의 역사와 수많은 인간의 삶을 일순간에 재로 만든 원자탄). 이러한 인류의 광기와 가공할 만한 핵무기의 섬광 앞에서 이성과 논리는 순식간에 무너지고 과거와 미래는 찰나 속으로 사라진다.

외견상으로 모든 것은 정상인 것처럼 보인다. 사람들은 거리에서 북적대고, 버스는 제 시간에 도착하며, 사무실은 아홉시에 문을 연다. 그러나 내면적으로는 모든 것이 급속도로 붕괴되고 있다. 인류를 한순간에 파멸시킬 수 있는 원자탄 앞에서 인간은 스스로의 무력함과 나약함을 느끼게 되고, 새삼 자신이 아무것도 아니라는 사실을 깨닫게 되며, 결국은 공허와 허무 속으로 침잠해 들어간다. 또한 과거는 현재와 단절되고, 미래는 점점 더 예측할 수 없으며, 의미 있는 것은 다만 바로 지금 이 순간뿐인 것처럼 느껴진다. 왜냐하면 우리는 지금 과거의 유산도, 그리고 미래의 희망도 언제 인간이 만든 테크놀로지에 의해 순식간에 날아가 버릴지 알 수 없는 시대에 살고 있기 때문이다.

시간과 공간 속에서 완전히 고립되고 차단된 채, 인간은 이제 더 이상 자신이 역사의 일부분도 또 역사의 주인공도 아니라는 사실을 깨닫는다. 역사는 이제 더 이상 신의 뜻도 또는 진보의 과정도 아니며, 따라서 선의 축적을 믿는 종교와 역사의 발전을 믿는 실증주의 사관 역시 그 설득력을 상실한다. 그리고 그동안 자신들을 지탱해주던 최후의 결속들 ― 예컨대 가정이나 결혼 ― 조차도 이제는 그 원래의 힘과 의미를 잃어버린 채 붕괴되고 만다. 내일이 보장되지 못하는 상황에서는 공부나 직장 역시 아무런 의의를 갖지 못한다. 모든 것은 다만 종말을 향해 가는 과정에 불과하며 그 종말은 너무나 임박해 있다. 이러한 상황에서 인간의 존엄성과 문명의 숭고성을 내세우며 허위와 기만의 삶을 계속할 것인가? 아니면 그 거짓의 가면을 벗어 버리고 필연적인 고독과 임박한 죽음의 가능성을 받아들이며 진정한 자유와 진실된 정체성을 추구할 것인가? 1950년대 중반에 미국에서 시작되었던 '비트세대(The Beat Generation)'나 영국에서 생겨난 '성난 젊은이들(The Angry Young Men)'은 바로 그와 같은 상황 인식과 문제의식에서 비롯되었다.

　미국의 '비트운동'은 컬럼비아대학 축구 선수였던 소설가 잭 케로액과 역시 컬럼비아 대학생이었던 시인 앨런 긴스버그에 의해 주도되었으며, 그 외에도 칼 솔로몬, 닐 캐시디, 그레고리 코르소, 클렐론 홈스, 로렌스 펄링게티, 노먼 메일러, 마이클 맥클류, 넬슨 알그렌, 허버트 골드, 아나톨 브로야드, 헨리 밀러 그리고 윌리엄 버러스 등에 의해 확산되었다. '비트운동'은 케로액의 처녀소설인 『마을과 도시』가 출판된 1950년에 이미 시작되었다고도 볼 수 있겠지만, 그것이 활성화된 것은 앨런 긴스버그의 장시 「울부짖음」이 발표된 1956년과 케로액의 두 번째 소설 『노상에서』가 발표된 1957년경이라고 할 수 있다. 미국의 1950년대를 대표하는 이 독특한 운동은 뉴욕과 샌프란시스코를 중심으로 해서 곧 미국 전역으로 확산되었을 뿐만 아니라, 더 나아가 유럽과 아시아에까지도 커다란 영향을 끼쳤다.

　'비트세대'라는 용어는 잭 케로액이 처음 사용했으며, 그 말의 뜻은 곧 "허위와 가식의 가면을 쓰고 있는 관습적인 사회에 싫증과 역겨움을 느끼고 그러한 사회의 부패하고 상업적인 모든 규범과 가치를 부정함으로써 소진 의식과 축복의식을 동시에 갖게 된 세대"이다. 비트세대는 과거와 미래를 부정했고, 모든 기존의 조직과 권위를 부인했으며, 스스로를 고상한 도덕의 화신이라고 생각하는 보수주의적인 모범생들(The Squares)을 조롱했다. 비트세대는 단순하고 직접적인 것을 추구했으며,

현실의 고뇌와 기쁨을 위장이나 가식 없이 있는 그대로 받아들였다. 그것은 물론 비트세대가 패배의식에만 젖어 있었다는 얘기는 아니다. 그들은 비록 신념을 상실하고는 있었으나, 패배의식을 초월해 자아를 탐색했고 특히 자신과 타인과의 진실한 관계에 가치를 부여했다. 더 나아가, 비트세대는 언제나 비록 찰나적이기는 했지만 진실과 대면하고자 노력했으며, 자연이나 사람들을 조종하거나 지배하려 하기보다는 차라리 존재의 도도한 흐름에 몸을 맡기는 편을 택했다. 비트세대가 동양의 선불교 사상에서 새로운 가능성을 찾고자 했던 이유의 배경에는 바로 그와 같은 인식이 자리 잡고 있었다.

그런 의미에서 비트운동은 아직 꿈을 상실하지 않고 환상을 추구했던 사람들의 낭만적 운동이었다고 할 수 있으며, 기존의 모든 체제를 부정했다는 점에서 체제 전복적이었다고 할 수 있다. 그것은 또한 모든 종류의 억압으로부터 인간의 해방을 추구했다는 점에서 저항적이었다고도 할 수 있으며, 자연이나 타자를 지배하려 하지 않았다는 점에서 반제국주의적 운동이었다고 할 수 있다. 비트운동은 또한 심오하고도 적극적인 문명 비판이었다고 할 수 있다. 그것은 인간들로 하여금 단순히 자연이나 시골로 돌아가라고 하지 않았다. 그 대신에 비트세대들은 낡은 자동차를 타고 '노상으로', 도시로 그리고 유럽으로 떠났다. 과연 케로액의 덴버나 긴스버그의 뉴욕이나 펄링게티의 샌프란시스코는 비트운동이 근본적으로 도시 문명에 대한 비판이라는 것을 암시해주고 있다. 그러나 그들의 도시는 신이 떠나 버린 사탄의 도시, 곧 비인간적인 산업화와 기계 문명과 물질주의에 의해 철저하게 오염된 현대의 도시이다. 그것에서 그들은 과거와도 그리고 미래와도 단절된 채, 또 조상과도 그리고 신과도 단절된 채 소외와 고립 속에서 방황하는 현대의 정신적인 고아들이 된다.

바로 그러한 맥락에서 비트운동은 오늘날 여러 학자들이 지적하듯, 포스트모더니즘의 시효가 된다. 과연 그것은 제2차 세계대전 이후 인류 문명의 파멸의식과 위기의식의 소산이었고, 서구의 이성중심주의의 허위와 기만에 대한 '이유 없는 반항'이었으며, 동시에 극우 이데올로기가 세력을 떨치던 냉전시대의 최초의 반체제 저항 운동이었다. 비트운동은 물론 포스트모더니즘처럼 좌우 이데올로기 모두를 초월하는 것은 아니었지만, 오늘날 긴스버그는 극우파 보수주의자들이 가장 싫어하는 세계적인 반체제 시인이 되었다. 경찰에 체포된 그의 수많은 시위경력 그리고 노동절 날 대학생들에 의해 5월의 왕으로 선발된 체코에서의 사건 등은 비트운동의 특성이 과연 어떠한 것인가를 잘 말해주고 있다.

영국의 경우, 제2차세계대전의 폐허가 불러일으킨 분위기는 전후 선거에서 노동당의 승리를 가져왔다. 그러나 엄청난 전후 복구비용의 재원의 부족과 지도력의 부족은 곧 노동당의 참패와 특권 상류계급이 주축을 이루는 보수당의 집권을 야기했다. 민중들의 희망은 다시 한 번 좌절되었고 귀족들의 야심은 다시 한 번 기회를 얻게 되었다. 영국의 '성난 젊은이들'은 바로 그러한 상황에 반발해서 일어났다. '성난 젊은이들'은 대부분 중하류층이나 노동자 계급의 자녀들이었으며, 정부 장학금으로 국립대학에서 교육받은 사람들로서, 당대의 지배계급이었던 옥스포드나 케임브리지 출신들의 보수주의적 체제에 저항하여 일어났다. 그러나 독자적인 지하문화를 창출했던 미국의 비트세대와는 달리, 이들에게는 공동의 목표도 또 혁명의 의도도 없었으며, 각자 다양한 특성을 보이며 기존 사회 속에서 저항을 통해 진실을 발견할 수 있는 기회를 추구했다고 알려져 있다. 예컨대 이들의 기수였던 존 오스본은 급진적인 사회주의자였고, 킹슬리 에이미스는 다소 회의적인 노동당원이었으며, 콜린 윌슨은 휴머니즘과 합리주의에 반발했던 종교적 실존주의자였다. 그들은 상류층과 특권층에 대한 거부선언으로 토리당으로부터 미움을 받았으며, 좌파가 되기를 거부했기 때문에 노동당으로부터도 환영을 받지 못했다.

'성난 젊은이들'이라는 명칭은 레슬리 폴의 『성난 젊은이들』이라는 책명에서 비롯된 것이다. 그러나 폴이 이 회고록에서 의미했던 것은 좌파이념을 통해 더 나은 세상을 건설하려고 했던 1920년대와 1930년대의 성난 젊은이들이었다. 1950년대의 성난 젊은이들은 사실 모든 이념을 다 거부했으며, 보다 더 나은 세상의 존재도 믿지 않았었다. '성난 젊은이들'의 그와 같은 특성은 킹슬리 에이미스의 『럭키 짐』이나 존 웨인의 『서둘러 내려오라』의 주인공들의 모습에서 잘 드러나고 있다. 이 '새로운 주인공(The New Hero)'들은 당대의 모든 관습과 규범에 회의하고 반발하며, 우파적 심미주의와 좌파적 실천주의 모두를 거부했다. '성난 젊은이들' 중의 하나였던 조지 스코트는 『시간과 장소』라는 책에서, "전쟁과 공포, 영국 사회주의의 도덕적 실패, 냉전" 등이 자신을 성난 젊은이로 만들었다고 말하고 있다. 영국의 '성난 젊은이들'은 당대의 상황에 너무나 절망한 나머지, 드디어 아무것도 믿지 않게 되었다. 그들은 모든 조직과 체제를 부정했기 때문에 스스로도 어떤 조직이나 파당을 만들지 않았으며, 다만 서로 같은 인식하에 각기 다른 성격의 글들을 써내고 있었다. 또 그들은 오직 현재만 믿었고 또 현재 속에서 자신들의 존재만을 믿었다.

콜린 윌슨은 바로 그러한 성난 젊은이들을 '아웃사이더'라고 불렀다. 그들은 마치 존 웨인이나 존 브레인이나 킹슬리 에이미스의 주인공들처럼 가면을 쓴 인사이더들일 뿐, 실제로는 철저히 고립된 아웃사이더들이었다. 그들은 환상 속에서 진실을 회피하며 살고 있었던 인사이더들(곧 스퀘어들)과는 달리 진실을 추구하며 살고 있었다. 그러나 그러면서도 그들은 타인과의 진실된 관계에 가치를 부여했다. 존 오스본의 아웃사이더 주인공 지미 포터는 이렇게 말한다.

"아, 나는 다소간의 인간적 열성이 그립다. 나는 할렐루야, 하고 부르는 따뜻하고 스릴에 찬 목소리를 듣고 싶다."

비트세대와 '성난 젊은이들' 사이의 가장 중요한 차이는 전자가 주위에 대해 철저히 무관심했다면 후자는 아직도 자기들이 반대하는 사회에 대해 여전히 관심을 갖고 있었다는 점이다. 그리고 전자가 스퀘어들(영국에서는 인사이더와 아웃사이더로 구분한 것을 미국에서는 스퀘어와 프리크<freak>로 구별했음)의 사회를 철저히 부인하고 새로운 리얼리티를 창출하려고 했다면, 후자는 인사이더들의 사회와 여전히 관련을 맺고 그 속에서 진정한 리얼리티를 발견하려고 했다는 점이다. 그런 맥락에서 보면 이 두 운동의 차이는 아마도 미국과 영국의 문화적 차이를 잘 나타내주고 있는지도 모른다.

미국의 비트운동의 약점은 그것이 자칫 찰나주의와 극도의 개인주의로 흘러 타자와의 접촉조차 피상적으로 되고, 더 나아가 술이나 마약 속에서 마음의 평화와 행복을 찾으려고 할 수도 있다는 점이다. 그러한 우려는 과연 1960년대의 히피 세대로 넘어오면서 현실이 되어 나타나기도 했다. 히피들은 케로액의 끝없는 탐색의 여로보다는 도시의 거리에서 마약을 통한 낙원을 더 추구했으며, 긴스버그의 예리한 문명비판보다는 환각을 통한 현실도피를 택하기도 했다. 그리고 그들은 원자탄의 가공할 파괴력 자체에만 경악했을 뿐, 그 속에 숨어있는 도덕적, 정치적 문제들에 대해서는 입을 다물었다. 그러나 물론 그러한 것들은 결코 원래의 순수했던 비트정신이 아니었다. 비트문학은 바로 그러한 비트정신의 정수를 이어받아 문학사상 대단히 중요한 업적을 이루어 놓았다. 그들은 진부한 종래의 주제에서 탈피해 존재의 무거움과 가벼움을 탐색했으며, 순응만이 강요되던 냉전 이데올로기의 시대에 과감히 일어나 지배체제에 저항했었다.

영국의 '성난 젊은이들' 역시, 진부하고 가식적인 당대의 사회구조와 지배문화에 대항해 신선한 충격을 던졌다는 점에서 중요한 의의를 갖는다. 그들은 모두가 복종하고 침묵하던 억압의 시대에 홀로 일어서 저항했고, 기만과 허위의 시대에 과감히 가면을 벗어 던졌으며, 질서와 안정의 환상 속에서 살기를 거부하고 비록 무질서와 불안처럼 보였을망정 자유롭고 진실한 삶을 추구했다. 오늘날 우리가 높이 평가하는 비트정신은 바로 그러한 것들이다. 1950년대의 비트세대들은 관습과 제도의 상징이었던 대학을 뛰쳐나와 도시의 뒷골목으로 또는 거리로 나가 진실한 존재의 의미를 찾기 위한 방랑을 계속했다. 제도권문화와 지배 이데올로기에 대한 그들의 신선하고 강력한 비판의식은 여러 작가들에게 영향을 주어, 예컨대 앞에서 언급한 앨런 실리토의 『장거리 주자의 고독』(영국)같은 탁월한 문학작품을 산출해 내기도 했다.

이러한 저항정신과 풍자의식은 비트세대나 '성난 젊은이들'이 남긴 건강한 정신적 유산이다. 최근 우리나라도 산업사회의 병폐, 환경파괴, 도시빈민, 물질주의, 속물주의, 소외계층의 문제들과 직면해 있으며, 관제문화와 민중문화, 지배문화와 하류문화, 또는 극우 이데올로기와 극좌 이데올로기의 충돌과 갈등 현상을 보이고 있다. 그리고 우리 또한 모두 가식과 허위의 가면 속에서 허영의 거울을 들여다보며 진실을 외면한 채 살아가고 있다. 모든 것은 정상처럼 보이고 사회는 눈부신 발전을 하는 것처럼 보인다. 그러나 그 화려한 피륙의 내면에서는 무엇인가가(예컨대 우리의 삶과 우리의 도덕과 우리의 진실이) 점점 무너져 내리고 있다. 우리의 젊은이들 역시 오래전부터 그것을 잘 알고 있다. 그들은 지금 화가 나 있고(angry), 심장의 박동(beat)처럼 힘차게 관습과 제도에 도전하고 있다. 물론 그와 같은 저항에는 부단한 정신적 방랑과 심오한 고뇌가 수반되어야만 한다. 샐린저의『호밀밭의 파수꾼』은 바로 그러한 반체제·반문화 운동의 원조가 된다는 점에서 중요한 시대적 의미를 갖는다.

샐린저의 삶과 문학적 여정

은둔하기 전의 샐린저

제롬 데이빗 샐린저(Jerome David Salinger)는 1919년 1월 1일에 태어났다. 그의 부친 솔로몬 샐린저는 오하이오주 클리블랜드에서 태어났으며, 스코틀랜드계 아일랜드인인 마리 질리치와 결혼했다. 둘째 아이인 제롬이 태어났을 때, 그에게는 8실 위 누나인 도리스가 있었다. 아버지 솔로몬은 햄과 치즈 수입업자로서 돈을 많이 벌었으며, 그 덕분에 제롬은 경제공황시대에도 뉴욕의 중상류층 가정에서 살 수 있었다. 그 외 샐린저 가문에 대해 확실히 밝혀진 것은 별로 없다. 예컨대 워렌 프렌치는 1963년에 발간된 샐린저 연구서에서 제롬의 할아버

지가 유태인 랍비라고 기록하고 있지만, 이언 해밀턴은 1988
년에 펴낸 저서에서 어디에도 그런 기록은 없다고 반박하고
있어 아직도 논란이 되고 있다.

작가 샐린저의 어린시절은 베일에 가려져 있지만, 맨해튼의
웨스트사이드 북쪽에서 초등학교를 다녔으며 수학을 제외하
고는 성적이 좋았다고 알려져 있다. 어린 시절에 샐린저는 업
스테이트 뉴욕이나 뉴잉글랜드에서 열리는 여름캠프에 여러
번 참가했는데, 이는 당시 경제적 여유가 있는 중산층 가정 자
녀들로서는 관례적인 행사였다. 연극을 좋아했던 실린저는 직
접 무대에도 나가, 어느 여름캠프에서 최고 인기배우로 선정
되기도 했다.

샐린저의 부친은 경제적 여유가 있어서 샐린저 일가는 뉴
욕의 고급주택가인 파크 애비뉴에 살았다. 1932년 샐린저는
공립중학교에 가는 대신 맨해튼의 유명한 사립학교인 맥버니
스쿨에 입학하지만 낙제를 해서 1년 만에 학교를 그만둔다.
1934년 그의 아버지는 아들 제롬을 펜실베이니아에 있는 밸
리 포르지 군사학교에 입학시킨다. 샐린저는 1936년 군사학교
를 졸업하는데, 성적이 뛰어나지는 않았지만 평균 B는 되었고,
지능지수는 115로 기록되어 있다. 군사학교 재학시절 샐린저
는 영어과목을 제일 잘 했으며, 『크로스드 세이버스』라는 아
카데미 연감의 편집자로서 활동을 하기도 했다. 당시만 해도
그는 드라마에 관심이 많았고, 헐리우드 영화 쪽에 진출하기
를 원했다고 알려져 있다.

밸리 포르지 군사학교를 졸업한 후 샐린저는 1937년에 뉴욕대학교에 잠시 다녔고, 아버지를 따라 오스트리아와 폴란드에 가서 햄 수입 사업도 배우고 독일어도 공부하다가, 히틀러의 유태인 탄압이 시작되던 1938년 직전에 귀국한다. 1938년 가을, 샐린저는 펜실베이니아 주에 있는 종교학교인 어르사이너스 칼리지에 입학하지만 곧 흥미를 잃고 뉴욕으로 돌아와, 휘트 버넷이 가르치는 컬럼비아대학의 유명한 창작 강좌에 등록해 창작수업을 받는다. 그리고 그 덕분에 샐린저는 1940년 첫 단편 「젊은 사람들 *The young folks*」을 신예작가들 발굴에 관심이 많았던 버넷이 편집하던 『스토리』지에 발표하게 된다.

이어 1941에 샐린저는 드디어 유명한 잡지인 『콜리어스』에 단편 「짧고도 짧은 이야기」로, 그리고 『에스콰이어』지에 또 다른 단편 「풍자」로 데뷔해 작가로서 인정을 받게 된다. 『뉴요커』지도 그의 단편을 채택해 고료까지 지불했지만, 제2차세계대전이 일어나 청년들이 입대하게 되자, 정신적으로 방황하는 청년을 다룬 내용이 문제가 되어 결국 게재는 뒤로 미루게 된다. 그러나 세 개의 유명한 잡지에 동시에 신예작가로 발탁된 것은 작가로서 샐린저의 역량을 잘 보여준 것이라 하겠다. 『뉴요커』지는 샐린저의 그 단편을 전쟁이 끝난 1946년에 게재하게 된다.

전쟁이 발발하자 샐린저는 군에 입대하려 하지만 심장에 약간의 문제가 있다는 이유로 징집을 거부당한다. 후에 신체검사 기준이 약화되자, 샐린저는 드디어 부사관으로 입대해 통신부대에 근무하다가, 1943년에는 정부보대에 근무하게 된다. 군에서도 계속 집필활동을 벌인 샐린저는 1943년에 유명한 『새터데이 이브닝 포스트』지에 단편 「바리오니 형제들」을 발표하게 된다. 샐린저는 유망한 작가지망생을 위한 상금으로 써 달라고 컬럼비아의 버넷에게 200달러를 보내는데, 그 수혜자는 나중에 저명작가가 된 학부생 노먼 메일러(Norman Mailer)였다.

영국으로 배속된 샐린저는 미군 제4사단에 배속되어 노르망디 상륙작전이 시작된 지 5시간 후에 유타 비치에 상륙해 유럽에서 작전을 수행하게 된다. 전해지는 말에 의하면, 그때 어니스트 헤밍웨이가 종군작가로 샐린저의 부대에 왔다가 독일제 루거 권총의 성능을 시험해본다는 이유로 닭의 머리를 날려 보내자 샐린저는 이후 헤밍웨이를 싫어하게 되었다고 한다. 사실 헤밍웨이에게 있어서 용기를 획득하고 성인으로 입문하는 과정은 늘 사자나 투우(죽음)와 대면해서 그 짐승을 죽임(두려움의 극복)으로써 이루어진다. 반면 윌리엄 포크너에게 있어서 순진성으로부터 벗어나 경험의 세계로 들어가는 성인의식은 언제나 동물(사슴이나 곰)과 대면했을 때 그 동물을 차마 죽이지 못하는 보다 더 고양된 감성을 통해 이루어진다. 헤밍웨이의 문제점은 그러다보니 닭처럼 위협이 되지 않는 짐승도 별 생각 없이 죽이게 된다는 데 있고, 샐린저는 바로 그 점에 혐오감을 느꼈던 것 같다. 그래서 샐린저는 『호밀밭의 파수꾼』에서 홀든의 입을 빌어, 헤밍웨이의 『무기여 잘 있거라』를 '가짜 책(phony book)'이라고 신랄하게 비판한다.

군에서 전역한 샐린저는 1947년 유명한 『코스모폴리탄』지에 중편에 해당하는 「전도된 숲」을 발표하며, 1948년에는 모든 작가 지망생들이 선망하는 『뉴요커』지에 세 편의 단편을 발표함으로써 문명을 굳힌다. 같은 해, 샐린저는 『굿 하우스키핑』지에 「내가 아는 소녀」를 발표했는데, 이 단편은 그해 발간된 『그해 최우수 단편선집』에 선정되는 영예를 누리게 되었다. 1950년에 샐린저는 단 한편의 단편소설을 발표하는데, 그것이 바로 유명한 「에스메를 위하여 *For Esme-with love and squalor*」였다. 그가 1950년에 단편을 많이 쓰지 않았던 이유는 장편 『호밀밭의 파수꾼』을 준비하고 있었기 때문으로 사료된다.

샐린저는 한때 자신을 가리켜 "장거리주자가 아니라 단거리주자(a dash men and not a miler)," 즉 장편작가가 아니라 단편작가라고 말한 적이 있다. 그는 어쩌면 자신은 장편을 쓸 수 없으리라고 생각한 적도 있지만, 훗날 그가 발표한 장편 『호밀밭의 파수꾼』은 세계적인 베스트셀러이자 문단의 기념비적인 성과로 남게 되었다. 그런 의미에서 샐린저는 영화 「마이 웨이」에서처럼 장거리 마라톤에 출전해 우승한 단거리 선수라고 할 수 있을 것이다.

당시만 해도 샐린저는 사람들과 잘 어울렸고, 한때는 사라로런스 칼리지의 단편 강좌에 가서 강연을 하기도 했다. 그러나 그는 곧 대중 앞에서 말을 한다는 것과, 강연 중에는 작가들을 범주화하게 된다는 것에 거부감을 느껴, 이후 공적 행사에는 일체 모습을 드러내지 않게 되었다.

1950년은 드디어 샐린저의 작품이 영화화된 해였다. 그가 『뉴요커』지에 발표했던 「코네티컷의 엉클 위글리 *Uncle Wiggily in Connecticut*」가 새뮤얼 골드윈 사에 의해 「나의 어리석은 마음 *My Foolish Heart*」라는 제목으로 영화화되었고, 주연으로는 당시 인기 여배우였던 수전 헤이워드와 다나 앤드류스가 출연했다. 그러나 자신의 원작을 크게 훼손했다고 생각한 샐린저는 이후 영화를 싫어하게 되고, 헐리우드와의 모든 인연을 끊게 된다. 포크너의 『소음과 분노 *The sound and the fury*』(율 브리너 주연)나 솔 벨로의 『오늘을 잡아라 *Seize the day*』(로빈 윌리엄스 주연) 같은 작품도 영화화되었는데, 유독 샐린저의 『호밀밭의 파수꾼』이 영화화되지 못한 이유도 샐린저가 영화사에 판권을 넘겨주는 것을 일절 거부했기 때문이다. 그는 심지어 엘리아 카잔이 『호밀밭의 파수꾼』을 영화화하고 싶다고 할 때에도 "홀든이 그걸 원하지 않을 것입니다."라는 대답과 함께 냉정하게 거절했다. 만일 카잔이 『호밀밭의 파수꾼』을 영화화할 수 있었다면 원작의 훼손 없이도 훌륭한 영화를 만들었을 가능성이 컸기 때문에, 샐린저의 고집을 꺾을 수 없다는 사실을 아쉬워하는 사람들이 많았다.

1951년 7월 16일, 샐린저는 드디어 10년 동안 준비해온 장편 『호밀밭의 파수꾼』을 발표해 전 세계의 주목을 받는 작가로 부상하게 된다. 샐린저는 어느 날 단편소설을 청탁한 하르코트 브레이스 출판사의 편집인이었던 로버트 지로를 찾아가

a novel by **J. D. SALINGER**

『호밀밭의 파수꾼』의 1951년판 표지.

서, 단편 대신 『호밀밭의 파수꾼』을 출판해 달라고 부탁한다. 당시를 로버트 지로는 이렇게 회상한다. 키가 크고 슬퍼 보이고 우울해 보이는 깊고 어두운 눈을 한 젊은이가 들어오더니, "제 단편보다는 장편을 출판해야 합니다."라고 말했다. 나는 "자네는 마치 출판사 사장처럼 말하는군. 이리 와서 내 자리에 앉아야 할 것 같네."라고 말했다. "단편은 나중에 하시고요. 먼저 크리스마스 때 뉴욕의 한 소년에 대한 장편이 먼저 나오면 좋겠습니다." 지로는 즉시 찬성했다. 샐린저가 원고를 완성한 다음 하르코트 브레이스 출판사로 보냈을 때, 당시로서는 너무나 자유분방한 언사와 저항적인 내용 때문에 말썽이 날 것을 두려워한 출판사는 주저했고, 지로는 별 수 없이 샐린저를 점심식사에 불러내어 원고를 수정해줄 것을 부탁했다(지로는 후에 독립해 파트너들과 함께 '파러, 지로, 앤드 자노바비치'라는 출판사를 차린다). 이에 화가 난 샐린저는 원고를 빼내어 대신 보스턴의 '리틀, 브라운'사로 보내 거기서 이 기념비적 소설을 출간하게 된다. 천문학적인 수입과 출판사의 명성이 순간의 판단착오로 인해 한 출판사에서 다른 출판사로, 그리고 뉴욕에서 보스턴으로 넘어가는 순간이었다.

당시로서는 충격적인 소설인『호밀밭의 파수꾼』이 나온 후 발표된 서평들은 그리 좋은 편은 아니었다. 보수적인 사회분위기는 이 소설의 거친 언어와 반체제적인 내용을 문제 삼았고, 따라서 이 소설이 베스트셀러가 되기까지는 약 2년이란 세월을 기다려야만 했다. 즉,『호밀밭의 파수꾼』은 아직 시대정신이 무르익기 전, 너무 빨리 시대를 앞서서 발간된 셈이었다. 오직『뉴요커』지만 5페이지에 걸친 찬사를 실었을 뿐,『뉴욕타임스』와『헤럴드 트리뷴』은 중립이었고, 유태계 문예지였던『코멘타리』는 신랄한 비판을 게재했다.『호밀밭의 파수꾼』은 당시 1위를 차지한 허만 욱의『케인호의 반란』, 그리고 제임스 존스의『지상에서 영원으로』등에게 밀려 베스트셀러 4위를 기록하고 있었다. 그럼에도『호밀밭의 파수꾼』은 1953년에 페이퍼백으로 나왔고, 출간된 후 10년 안에 150만부나 팔린 초대형 베스트셀러가 되었으며, 지금도 꾸준히 팔리는 스테디셀러가 되었다.

『호밀밭의 파수꾼』은 여러 외국어로 번역되었는데, 번역본마다 제목이 다르게 붙는 이변을 불러왔다. 예컨대 이태리어 번역은『한 남자의 인생』이었고, 일본어판의 제목은『인생의 위험한 순간들』이었으며, 노르웨이 번역본은『모두들 자신을 위해, 그리고 악마는 최후 순간을 취한다』였다. 또 스웨덴판은『위기의 순간에 나타나는 구원자』였고, 덴마크판은『추방당한 젊은이』였으며, 프랑스판은『마음의 파수꾼』이었다. 독일어판은『호밀밭의 남자』였고 네덜란드판은 처음에는『고독한 방랑자』였다가 나중에는 『사춘기』로 바뀌었다.

샐린저는 1953년에 그동안 썼던 단편들을 엄선해서 『나인 스토리스 *Nine Stories*』라는 제목으로 펴냈다. 이 단편집은 『뉴욕타임스』지의 베스트셀러 리스트 9위에 머무르기는 했지만, 단편집으로 3개월 동안이나 베스트셀러 자리를 고수하는 기록을 낳았다. 이때 샐린저는 집 근처 뉴햄프셔 주에 있는 다트머스 칼리지 도서관에도 방문하고, 사교모임에도 나갔는데, 어느 칵테일 파티에서 클레어 더글러스(Clair Douglas)라는 여자를 만나 결혼하게 된다. 클레어는 런던 태생으로 레드클리프 칼리지(지금은 하버드대로 편입된 여자대학) 출신이었는데, 하버드 경영대학 학생과 잠시 결혼한 경력을 갖고 있었다. 두 사람은 1955년 2월 17일 버몬트주에서 결혼식을 올렸다. 그해 12월 10일 샐린저에게는 딸 마가렛 앤(Margaret Ann)이 태어나고, 1960년에는 아들 매슈(Matthew)가 태어난다.

1953년까지만 해도 샐린저는 사람들과 자주 만나 사교를 했다. 그가 셜리 블레이니에게 유일한 인터뷰를 허용한 것도 이때였는데, 이런저런 일을 겪으면서 샐린저는 점차 사람들에

샐린저의 자녀들.

게 실망하고, 그들이 자기를 상업적으로 이용하고 착취한다는 생각을 하게 된 것처럼 보인다. 그래서 점차 사람들을 피하게 되고, 그 결과 1954년에는 샐린저에 대한 기록이 아무것도 남아있지 않게 되었다.

1955년 1월 샐린저는 오랜 침묵을 깨고 『뉴요커』지에 글라스 패밀리에 대한 이야기인 「프래니 *Franny*」를 발표한다. 그리고 그해 12월에는 시모어 글라스(Seymour Glass)의 결혼식 날을 다룬 「목수여, 지붕의 대들보를 높게 올려라 *Raise high the roof beem, carpenters*」를 발표하고, 1957년에는 「프래니」의 속편인 「주이 *Zooey*」를 발표한다. 그리고 1959년에는 「시모어 : 서설 *Seymour : an instruction*」을 발표한다.

샐린저의 작품들은 그동안 프랑스어, 독일어, 이태리어, 네덜란드어, 스웨덴어, 노르웨이어, 덴마크어, 핀란드어, 체코어, 히브리어, 중국어, 일본어, 한국어 등 수개국어로 번역되었다. 특히 놀라운 것은 소련에서도 『호밀밭의 파수꾼』이 대인기여서, 샐린저의 작품을 들고 다니는 것은 소련 젊은이들에게도 반항 정신을 나타내는 상징이 되었다는 점이다. 미국에서도 『호밀밭의 파수꾼』은 반항아들의 바이블이 되었고, 포크너조차도 『호밀밭의 파수꾼』을 "당대 최고의 작품(best work of the present generation of writing)"이라고 극찬했다.

1961년에 샐린저는 『프래니와 주이 *Franny and Zooey*』를 출간했는데, 이 책은 출간 즉시 『뉴욕타임스 북 리뷰』의 베스트셀러 1위에 올라 향후 6개월 동안 내려올 줄을 몰랐다. 샐린저는『호밀밭의 파수꾼』이 출판되었을 때는 '북 오브 더 먼스 클럽'을 통한 홍보판매방법을 허용했지만, 이번에는 그것조차 허용하지 않았다. 그러나『프래니와 주이』는 발간된 지 2주 만에 무려 12만 5천 부나 팔려나갔으며, 존 업다이크 같은 유명작가들이 긴 서평을 쓰기도 했다. 샐린저는 이미 별 다른 광고가 필요 없고, 다만

샐린저의 중편소설집 표지.

작가의 이름만으로도 책이 팔리는 유명작가가 된 것이었다. 1963년에 샐린저는「목수여, 지붕의 대들보를 높이 올려라」와「시모어 : 서설」을 한권으로 묶어 단행본으로 출간함으로써, 자신의 저작물 출간을 완료했다.

샐린저는 자신이 좋아하는 작가들로 릴케, 카프카, 프루스트, 플로베르, 랭보, 도스토예프스키. 체홉, 톨스토이, 제인 오스틴, 에밀리 브론테, 윌리엄 블레이크, 콜리지, 헨리 제임스 등을 꼽았다. 미국작가로는 피츠제럴드와 링 라드너를 특히 좋아해서, 샐린저는 작품 속에서 피츠제럴드의『위대한 개츠비 *The great Gatsby*』와 라드너의 소설들을 자주 칭찬하곤 했다. 그는 또「두이노의 비가(悲歌)」를 쓸 때 칩거했던 릴케의 성(城)을 본받아 자신도 일종의 성채에 칩거하는 것처럼 보인다.

은둔한 후의 샐린저

전설로 남은 샐린저

1965년 이래 샐린저는 모든 공적활동을 중지하고 시골집에 조용히 은거하고 있다. 1970년, 리틀 브라운 출판사로부터 받았던 선급금 7만 5천 달러를 반납한 후, 더 이상 작품출간을 하지 않겠다고 공언한 다음부터 샐린저는 더욱 완벽한 은둔에 들어갔다. 그러나 그렇다고 해서 그가 독자들의 기억에서조차 사라진 것은 아니었다. 또한 그 역시 계속 집필을 해왔다고 알려져 있다. 사실, 작가인 그가 글을 쓰지 않으면 하루 종일 무엇을 하겠는가? 『샐린저를 찾아서』의 저자 이언 해밀턴은 샐린저가 적어도 두 권의 소설 원고를 금고에 보관하고 있다는 이야기를 샐린저와 가까운 사람으로부터 들었다고 쓰고 있다. 만일 그 두 권의 소설 원고가 그의 사후에 발견된다면, 그 반향은 엄청나서 그의 가족들은 전혀 돈 걱정을 하지 않고 살 수 있을 것이다. 그렇다면 아마도 샐린저는 그 원고들을 자신의 사후, 가족들을 위한 보험으로 갖고 있는지도 모른다. 물론 시대가 변해 사람들이 순수소설을 읽지 않는 지금 과연 그의 미발표 원고들이 얼마나 오랫동안 베스트셀러가 될 수 있을지는 미지수지만 말이다.

샐린저는 1967년에 부인 클레어하고 이혼한 후, 아직도 코니쉬에서 살고 있다고 알려져 있다. 비록 은둔생활을 하고는 있지만, 그래도 샐린저가 간혹 모습을 보이거나 언론에 등장하는 경우는 있었다. 예컨대 그는 자기 아들 매슈가 주역을 맡은 브로드웨이 연극의 첫날 공연에 텔레비전 여배우를 대동하고 나타나기도 했고, 뉴욕에서 열린 군대동료 존 키넌의 전역식에 참석하기도 했다.

샐린저가 대중 앞에 나타나지 않자, 그동안 샐린저와 연관된 각종 소문이나 사기극도 있었다. 1977년 『에스콰이어』지에 「루퍼트를 위하여」라는 단편이 실렸을 때, 「에스메를 위하여」를 연상시키는 제목 때문에 그랬는지 그것이 샐린저의 작품이라는 소문이 돌았지만, 그건 사실 그 잡지의 픽션담당 편집자인 고든 리시가 쓴 것이었다. 또 어느 젊은 저널리스트는 황당하게도 샐린저와의 가짜 인터뷰를 만들어 『피플』지에 팔려고 하다가, 샐린저에게 고발당한 적도 있었다. 『뉴욕타임스』에는 한때 샐린저의 단편에 등장하는 주인공 버디 글라스(Buddy Glass)라는 이름으로 신간소설의 광고가 실려서 독자들을 긴장시켰으나, 결국 샐린저와는 아무런 상관이 없다는 사실이 드러났다.

그중에서도 가장 주목을 끌었던 것은, W. P. 킨셀라라는 작가가 쓴 『구두 없는 조』라는 소설이었다. 이 소설에서는 J. D. 샐린저가 집착증이 있는 사이코 주인공에게 납치당해 야구장에 끌려가는 이야기가 나온다. 그 소설에서 샐린저는 자신의 삶과 작품세계에 대해 이것저것 이야기한다. 그 외에도 우체국에서 샐린저를 보았다는 기사, 샐린저가 자동차로 가는 모습을 찍은 스냅사진 등이 『파리스 리뷰』나 『피플』지 등에 실리기도 했다. 또 1988년에는 샐린저가 동네 수퍼마켓에서 쇼핑카트를 밀고 가는 것을 누군가가 몰래 찍었는데, 점심 샌드위치를 담는 갈색 종이봉투가 잔뜩 들어있는 쇼핑카트를 밀고 가는 샐린저의 모습은 당시 『타임』지의 「피플」섹션에 실렸다.

1988년 동네 슈퍼마켓에서 몰래 찍힌 샐린저의 사진.

그러나 샐린저는 사진 찍는 것을 절대 허용하지 않았고, 인터뷰도 일체 허락하지 않았으며, 자신과 관련된 서신들의 인용이나 출간도 전혀 용납하지 않았다. 그 결과, 그는 현재 가장 알려진 바가 없는, 가장 신비스러운 베일에 싸인 작가가 되었다.

샐린저 vs. 해밀턴 저작권 법정사건

샐린저가 은둔 후에 모습을 나타낸 것은 1986년 10월 10일 뉴욕의 법정에 원고로 서기 위해서였다. 피고는 『J. D. 샐린저 *J. D. Salinger: A Writing Life*』라는 전기를 출간하려던 영국작가 이언 해밀턴이었다. 1985년에 미국 랜덤하우스 출판사에 의해 출판이 결정된 이 전기에서 해밀턴은 출간되지 않은 샐린저의 편지들을 인용했는데, 원고를 미리 읽어본 샐린저가 프라이버시 침해로 출간금지 가처분 신청을 냈기 때문이었다.

그런 경우 미국 법은 다음 세 가지를 주목한다.

1. 출판물의 목적과 성격 : 상업용인지 비영리 교육용인
   지의 문제
2. 저작권이 걸려있는 자료의 성격과 특성
3. 인용한 분량
4. 저작권이 걸려있는 부분의 인용이 시장가치에 끼치는
   영향

1986년 11월 5일, 피에르 N. 르발 판사는 30쪽에 달하는
논고를 통해 랜덤하우스와 해밀턴의 손을 들어주었다. 그 일
부를 인용하면 다음과 같다.

저작권이 걸려있는 부분에 대한 피고의 인용을 검토해본
결과, 본인은 원고가 주장하는 비난에서 벗어날 수 있는 충
분한 증거를 제시했다고 판단된다. 저작권 부분에 대한 해
밀턴의 사용은 최소한이고 또 문제가 될 만큼 다량이 아니
라고 본다. 문제가 되는 인용 또한 샐린저 편지의 문학적 가
치를 폄하시키거나 변조하지 않았으며, 동시에 그것의 상업
적 가치도 훼손하지 않았다고 판단된다. 그것은 또한 앞으
로 편지에 대한 샐린저의 출판에 아무런 장애요인이 되지
않으며, 저자의 예술적 평판에 누를 끼치는 것도 아니다. 해
밀턴의 의도나 그의 책이 전기라는 점을 감안하면, 그것이
샐린저의 지적소유권을 명백히 침해했다고 볼 수는 없다.

마지막으로, 랜덤하우스 출판사나 해밀턴은 물론 상업적 이익을 얻게는 되겠지만, 그럼에도 이 책은 거의 알려지지 않은 중요한 작가에 대해 잘 연구된 진지한 전기이기 때문에 사회적, 교육적 가치가 충분하다고 본다.

재능이 뛰어난 저명한 작가 샐린저는 대중의 관심을 한 몸에 받고 있는 작가다. 그의 소설들은 지난 4반세기 동안 가장 많이 팔렸던 소설 중 하나다. 그러나 그가 프라이버시를 주장함에 따라 그에 대해서는 거의 알려진 것이 없다. 비록 프라이버시를 원하는 그의 의견은 존중되어야 마땅하지만, 법률적으로 볼 때에는 합법적으로 구할 수 있는 자료들을 인용해 그에 대한 글을 쓰는 것을 막을 수 있는 근거는 없다.

해밀턴의 저서는 상업적인 목적을 위해 작가의 사생활을 들여다보는 책으로 비난할 성격의 책이 아니다. 그것은 자신의 문학적 성취를 통해 엄청난 대중의 관심을 한 몸에 모은 작가에 대한 훌륭한 연구저서라고 판단된다. 그러므로 그의 인용은 정당하다고 판결하는 바이다.

랜덤하우스 출판사와 해밀턴은 판결에 만족하며 즉시 출판에 들어가 1987년에 샐린저 전기를 출간하려 했다. 그러나 샐린저 측은 항소를 했고, 1987년 1월 29일 존 O. 뉴먼 판사와 로저 마이너 판사는 르발 판사의 판결을 뒤집고 샐린저의 손을 들어주었다. 당시 이 사건은 『뉴욕타임스』의 1면에 톱기사로 보도 되었다.

랜덤하우스와 해밀턴은 대법원에 항소했지만, 1987년 10월 5일 대법원은 항소를 기각했다. 해밀턴은 아마도 미국 대법원이 그 어느 쪽으로 판결을 내려도 비판을 받을 상황에서 부담을 덜기 위해 아예 사건의 심의자체를 거부한 것이라고 보고 있다. 어쨌든 그와 같은 판결에 따라 해밀턴은 샐린저의 모든 편지의

샐린저의 반대로 삭제되어나온 책 『샐린저를 찾아서』.

인용을 삭제하고, 자신의 책을 1988년에 『샐린저를 찾아서』라는 제목의 일반 연구서로 출간했다. 해밀턴은 자신이 그렇게 존경했고 관심을 가졌던 작가가 자신의 전기를 쓰는 전기 작가를 고발해 서로 적이 되었고, 앞으로 법전과 문학사에 '샐린저 대 해밀턴 사건'이라는 영원히 바람직하지 않은 사례로 남게 된 것은 말할 수 없이 큰 손실이자 유감이라고 자신의 소감을 밝히고 있다.

작가의 은둔과 사회적 책임

또 다른 미국작가 토머스 핀천 역시 신비의 베일에 가려진 작가다. 코넬대를 졸업했으나 학적부에 사진이 없고, 해군 통신부대에 근무했으나 그의 병적과 사진은 문서보관소에 화재

가 발생해 전소되고 없다. 유일한 그의 사진은 초기에 화제의 작가로『타임』지 표지에 실린 것이 전부다. 본인이 프라이버시를 원하지 않는 경우에는 혹시 사진이 있어도 공개하지 않는 것이 예의다. 그럼에도 불구하고 인터넷에는 해군시절 핀천의 사진이 돌아다닌다.

핀천은 시애틀의 보잉사에 근무하다가 잠적해, 한때는 그가 좋아하는 멕시코에서 살다가 현재는 뉴욕에 살고 있다고 전해진다. 그가 학부모로서 손자들을 데리고 뉴욕의 학교에 모습을 나타냈다는 소문도 있어서, 요즘은 자신의 모습을 완전히 감추지는 않고 있는 것처럼 보인다. 그러나 자신의 수상식에 나타나지 않고 대신 코미디언을 보내는 등, 일체 공식석상에 모습을 드러내지 않고 있는 신비의 작가라는 점에서 핀천은 샐린저와 비슷하다. 다만 비록 은둔은 했지만 작품은 계속해서 출판해왔다는 점에서 핀천은 더 이상 작품출간을 하지 않겠다고 공언한 샐린저와는 다르다.

작가가 일단 스타가 되면 기자들과 독자들에게 시달리는 등, 프라이버시를 지키기가 어려워지고, 그래서 샐린저나 핀천같이 은둔하는 작가들이 생기게 된다. 그러나 르발 판사처럼, 일단 유명해진 공인은 자신에 대해 알고 싶어하는 사회에 대해 어느 정도 자신을 드러내고 알려야 할 책임이 있다는 견해도 무시할 수는 없다. 작가는 물론 작품을 통해 사회적 책임을 다할 수도 있지만, 자신의 삶을 통해서도 무엇인가를 보여주어야만 하기 때문이다. 핀천의 경우, 소외된 계층을 옹호하는 자신의 문학세계와 철학에 따라, 미국 내 소수인종 특히 남미계 사람들에 대한 호감을 갖고 있다고 알려져 있다. 거기에 비하면 샐린저의 경우는 사생활이나 개인적 취향이 훨씬 더 베일에 가려져 있다.

물론 대부분의 작가들은 프라이버시보다는 퍼블리시티가 더 필요하고 그래서 대중에게 더 많이 알려지기를 원한다. 그래야 그만큼 자신의 소설이 팔리게 되고 자신도 더 잘 알려지기 때문이다. 그래서 많은 작가들은 새로운 신작소설이 나오면 출판사가 주선하는 소위 작품 프로모션 여행을 떠난다. 그래서 청중 앞에서 자신의 작품을 읽거나 독자들과의 대화를 갖거나, 사인회를 갖는다. 미국에서 가장 그런 활동을 활발하게 하는 작가 중 한 사람은 단연 노먼 메일러다. 『벌거벗은 자와 죽은 자』『밤의 군대들』『우리는 왜 베트남에 있는가?』등 유명한 소설들과 저서들의 저자인 메일러는 군중들을 이끌고 반전 데모 행진에 앞장서기도 했으며, 펜클럽 회장도 역임했고 뉴욕 시장에도 출마했으며, E. L. 닥터로우의 소설을 영화화한 「랙타임」이라는 영화에도 출연했다. 그러므로 핀천이나 샐린저는 아주 특이한 경우라고 할 수 있겠다. 일본의 경우에는 무라카미 하루키가 기자회견이나 인터뷰를 극도로 싫어하는 작가로 알려져 있다. 그럼에도 그의 소설은 여전히 세계적인 베스트셀러가 되고 있다.

어쩌면 샐린저는 다소 괴팍한 개성의 소유자인지도 모른다. 그는 아버지가 유대계였지만 자신을 유대계 작가로 생각하지 않기 때문에 솔 벨로나 버나드 맬러머드나 필립 로스 같은 유대계 작가들과도 교분이 깊지 않았다. 그는 아주 가까운 지인을 제외하고는 사람들을 잘 만나지 않으며, 특히 자신을 상업적으로 이용하려 하는 기자들이나 파파라치를 싫어한다. 다만 해밀턴은 샐린저의 법정 사건이 샐린저 자신보다는 변호사들의 생각이 많이 반영되어 있을 것이라고 추측한다. 항의문에도 샐린저라면 사용하지 않았을 표현이나 용어들이 들어있었고, 또 실제 법정에 출두한 샐린저는 그리 과격하거나 무례하지는 않았기 때문이다.

신비의 베일에 싸인 작가는 언제나 독자들의 강렬한 호기심을 자아낸다. 그리고 그럴수록 그 작가는 자신의 신비를 유지하려 노력하게 된다. 샐린저와 핀천은 둘 다 대중의 호기심을 피해 사회로부터 사라진 특이한 작가들이다. 어린시절이 전혀 알려지지 않은 작가로는 셰익스피어가 있는데, 셰익스피어는 실존인물 여부가 확실치 않은 경우여서, 샐린저와 핀천은 더욱 베일에 가려진 알 수 없는 작가들로 남아있다. 사실 세계문학사에서 그동안 자신의 정체를 드러내지 않고 완벽하게 은둔한 작가는 거의 없다. 그런 의미에서 샐린저와 핀천은 문학사에 오래 남을 특이한 작가들이라고 할 수 있을 것이다.

『호밀밭의 파수꾼』은 어떤 작품인가

그렇다면 『호밀밭의 파수꾼』은 과연 어떤 작품이기에 미국 문화의 형성에 그토록 막강한 영향을 끼쳤던 것일까? 이 소설은 다음과 같은 유명한 구절로 시작된다.

만일 네가 정말 이 이야기를 듣고 싶어 한다면 말이야. 우선 내가 어디에서 태어났고 또 내 하찮은 유년시절은 어떤 꼴이었는지. 또 내가 태어나기 전에 우리 부모는 뭘 하고 살았는지 하는, 말하자면 『데이빗 커퍼필드』식의 시시껄렁한 것부터 들으려고 할는지도 모르겠구나.

하지만 솔직히 말해, 난 그런 것들을 털어놓고 싶은 생각은 없어. 왜냐하면 말이야, 우선 그런 이야기들은 아주 따분

할 뿐 아니라, 내가 우리 부모들 이야기를 하려고 하면 그분들은 아마 두 번 쯤은 졸도하려고 할 것이 분명하거든.

이 소설의 주인공 홀든 콜필드는 펜실베이니아에 있는 펜시 프렙 스쿨(사립 고등학교)에서 낙제해 집이 있는 뉴욕으로 돌아간다. 홀든은 전에 다녔던 엘크튼 힐스 사립 고등학교가 가짜 속물들로 가득 차 있어서 그곳을 떠났는데, 새로 전학 온 펜시 또한 그곳과 크게 다르지 않아 미련 없이 학교를 떠난다. 펜시의 광고에는 언제나 영국 귀족들의 놀이인 폴로경기를 하는 사진이 들어가는데, 홀든은 펜시에는 폴로 경기는 커녕 말도 한 마리 없다고 말한다. 이는 펜시 프렙 스쿨이 얼마나 가짜와 허위, 그리고 기만과 속물주의에 젖어 있는가를 잘 보여주는 좋은 예증이다.

펜시의 광고에는 또 "1888년 개교 이래 본교는 언제나 두뇌가 명석하고 우수한 청년들을 양성해 왔습니다."라는 문구가 들어있는데, 이에 대해 홀든은 다음과 같이 비웃는다.

'양성'이라니 정말 웃기는 말이야. 양성을 했다니 말이 돼? 사실 펜시도 다른 학교에서 가르치는 것과 조금도 다를 게 없다고. 그리고 두뇌가 명석하고 우수한 청년들이라고? 거기선 그런 것은 씨도 찾아볼 수 없었어. 뭐 두 명 정도는 있었겠지. 하지만 겨우 두 명을 어떻게 자랑이라고 내세우지? 게다가 그 두 명도 펜시에 오기 전부터 명석했을 거라고. 틀림없어.

더욱이 펜싱팀 주장이었던 그는 시합을 위해 팀원들과 같이 지하철을 타고 가다가 펜싱장비들을 모두 지하철에 놓고 내리는 실수를 저질러 시합을 무산시키는 말썽을 일으켜 교장에게 혼나며, 학교를 떠나기 전 들린 스펜서 선생님으로부터도 잔소리만 잔뜩 듣게 된다. 그는 기숙사 친구인 애클리나 스트레드레터 같은 속물들과 다투다가 16세의 나이에 영원히 학교라는 제도를 떠나 집이 있는 뉴욕으로 간다.

토요일, 뉴욕으로 가는 기차에서 홀든은 속물 급우의 어머니를 만나는데, 거짓말을 해서 자기 아들에 대한 그 여자의 환상을 충족시켜준다. 뉴욕에 도착한 홀든은 집에 들어가는 대신 싸구려 호텔에 투숙한 후, 시내 나이트클럽을 돌아다니면서 밤의 오디세이를 시작한다. 그는 뉴욕에서 많은 사람들을 만나지만 그 누구와도 진정한 관계를 갖지 못한다. 처음에 그는 어떤 파티에서 만난 프린스턴대학생이 소개해준 전직 스트리퍼 페이스 캐븐디쉬에게 전화를 해보지만 만나지 못한다. 그는 나이트 클럽을 전전하면서 세 명의 여자 관광객을 만나 술값을 내주기도 하고, 헐리우드에 가서 영화 스크립트를 쓰고 있는 형 D. B.의 옛 여자친구를 만나기도 한다.

호텔에 돌아온 그는 엘리베이터보이 모리스의 추천으로 서니라는 매춘부를 방에 들이지만 갑자기 생각이 없어져 이야기만 하다가 그냥 약속한 금액인 5달러를 줘서 내보내려 한다.

여자가 10달러를 요구하고 홀든이 거부하자, 여자는 엘리베이터보이를 데려와 홀든을 구타하고 5달러를 더 갈취해간다.

다음날인 일요일에 홀든은 아침 식사를 사먹는 자리에서 두 명의 수녀들을 만나 기분이 좋아져 그녀들에게 10달러를 헌금으로 기부한다. 그리고는 거리에서 교회에 다녀오는 듯한 어느 가족을 만나는데, 홀든은 그 집 아이가 차도 가장자리를 걸어가면서 "호밀밭을 걸어오는 사람을 붙잡아 준다면"이라는 노래를 부르자 웬일인지 기분이 좋아진다. 오후에 홀든은 옛 여자친구인 샐리 헤이즈를 데리고 연극을 보러 가고, 같이 도망치자고 했다가 말다툼을 벌인 다음, 샐리와 헤어져 라디오 시티 뮤직홀에도 가고 컬럼비아에 다니는 옛 친구 칼 루스도 만난다.

아들이 퇴학당한 줄 모르는 부모를 속이기 위해 방학하는 날인 수요일이 되어서야 집으로 돌아갈 예정이지만, 홀든은 동생 피비가 보고 싶어 저녁에 몰래 집으로 숨어들어간다. 자다가 깬 피비가 "오빠는 무엇이 되고 싶어?"하고 묻자, 홀든은 아이들이 호밀밭에서 놀다가 절벽에 떨어지지 않도록 돌보는 '호밀밭의 파수꾼'이 되고 싶다고 대답한다.

집에서 나온 홀든은 밤을 보내기 위해 자기에게 잘해주었던 옛 영어교사 안톨리니 선생님 댁을 찾아간다. 안톨리니 선생님은 마치 인자한 아버지처럼 홀든에게 인생의 충고를 들려준다. 예컨대 그는 홀든에게, 한 철학자의 말을 인용해 "미성숙한 사람의 특징은 대의를 위해 고결하게 죽기 원한다는 것이고, 성숙한 사람의 특징은 대의를 위해 겸허하게 살기를 원한다는 것이다."라고 말한다.

그러나 자신이 잠든 사이에 안톨리니 선생님이 자신의 이마를 어루만지는 것을 눈치 챈 홀든은 노교사가 동성연애자라고 추측하고 서투른 핑계를 댄 후, 재빨리 그 집을 빠져 나온다. 이제 월요일 아침이 밝아온다. 홀든은 서부로 갈 생각을 하게 되고, 피비의 학교로 가서 떠나기 전 작별인사를 하고 싶다며 오후에 메트로폴리탄 박물관으로 나오라는 메모를 남겨놓는다. 피비의 학교의 벽에 외설스러운 욕이 써 있는 것을 본 홀든은 그걸 쓴 자를 붙잡아 죽이고 싶은 충동을 느끼며, 그 낙서를 지운다. 그러나 홀든은 곧 다른 곳에도 그런 상스러운 욕이 씌어 있으며, 어떤 것들은 칼로 새겨져 지워지지 않는다는 사실을 발견하고 절망하게 된다.

그런데 계단을 올라가는 도중에 나는 갑자기 또 토할 것만 같았어. 하지만 토하지는 않았지. 잠깐 앉아있으니까 기분이 나아지더군. 그러나 거기에 앉아있는 동안에, 나는 미칠 것처럼 화가 치밀더라고. 누군가가 벽에 외설스러운 욕을 써놓은 걸 봤던 거야. 그걸 보니 화가 치밀었어. 피비나 다른 애들이 그걸 보게 되는 경우를 생각했던 거야. 그들은 대관절 그게 무슨 뜻인가 하고 궁금해 하겠지. 그러면 그 가운데 어떤 천박한 애가 그 뜻을 완전히 왜곡되게 가르쳐주겠지. 그러면 애들은 모두 그걸 생각하면서 이틀 정도 걱정에 휩싸이겠지.

그걸 쓴 놈을 찾아내서 누구든 간에 죽여 버리고 싶었어. 어떤 변태 주정뱅이가 밤중에 소변이라도 보려고, 학교에 몰래 들어와서는 이런 걸 벽에 써놓은 게 아닐까 생각했다. 그걸 쓰고 있는 현장을 덮쳐서 피투성이가 되어 죽어 버릴 때까지 내가 그놈의 머리를 돌계단에 짓이기는 모습을 상상했단다.

나는 올라올 때와는 다른 계단으로 내려갔는데, 그 벽에도 역시 욕설이 씌어 있었어. 나는 또 손으로 문질러서 지울까 했지만, 이번 것은 칼 같은 걸로 새겨져 있어서 지울 수가 없었어. 그렇지 않더라도 그건 어차피 쓸데없는 일이었지. 가령 백만 년을 들여서 지우고 다닌댔자, 온 세계의 욕설을 반도 채 못 지울 테니까. 그건 도저히 불가능한 일이야.

오후에 박물관에서 피비를 기다리는 동안, 홀든은 이집트 무덤을 구경다가 다시 거기에서도 외설스러운 낙서를 발견하고 경악한다. 이는 비단 현대문명뿐 아니라, 인류역사 내내 순수성을 오염시키는 저급한 요소들이 상존해왔음을 상징적으로 보여주는 장치라고 할 수 있다.

그렇게 되자 나는 그 무덤 안에 혼자 남은 꼴이 되었어. 하지만 어떤 의미에서는 오히려 즐거웠지. 조용하게 가라앉은 분위기가 좋았기 때문이야. 그런데 말이야. 그때 내가 벽에서 뭘 봤는지 아니? 넌 아마 상상도 못할 거다. 또 외설스러운 욕이 씌어 있었던 거야. 돌이 쌓여있는 아래, 유리 벽 바로 밑에 빨간 크레용으로 씌어 있었다고.

바로 그런 것이 문제야. 조용하고 차분하게 가라앉은 기분 좋은 곳은 절대로 찾을 수 없는 거라고. 왜냐하면 그런 곳은 없으니까 말이야. 너는 그런 곳이 있다고 생각하는지 모르지만, 여기다 하고 생각하는 곳에 한번 가봐. 네가 보지 않을 때 누군가가 몰래 다가와서 네 코 밑에다가 외설스러운 욕을 써놓고 가버릴 게 틀림없을 테니. 시험해보라고.

이집트 무덤에서 홀든은 현기증을 느끼고 잠시 의식을 잃었다가 다시 정신이 돌아오는 경험을 한다. 그리고는 피비에게 작별인사를 하는 자신의 모습을 상상한다.

서른다섯 살쯤 되면 돌아오는지도 모르지. 누군가가 병에 걸려서, 죽기 전에 나를 만나고 싶다고 말했을 경우에 말이야. 하지만 그런 일이 없는 한, 나는 오두막을 떠나서 다시는 돌아오지 않을 생각이었단다.

서른다섯 살이라는 나이가 미국에서는 중년의 시작이라는 점을 생각하면, 홀든은 청년기의 순수성을 간직한 채 현실세계에서 멀리 떠나 살려고 했다는 사실을 알 수 있다. 그런 의미에서 홀든은 허클베리 핀과도 긴밀히 병치된다.

이윽고 나타난 피비는 짐을 들고 와서 자기도 같이 서부로 가겠다고 조르지만 홀든은 거절한다. 두 남매는 동물원으로 들어가 잠시 곰을 보다가 피비는 회전목마를 탄다. 그녀가 빙글빙글 돌아가는 모습을 보며 홀든은 이름 모를 행복감 속에서 서부로 달아나지 않고 남아야겠다고 결심한다. 홀든은 다시 한번 이 거친 세상에 순진한 아이들을 지키는 '호밀밭의 파수꾼'이 되기로 결심한다.

그러나 이 소설은 신경쇠약에 걸린 홀든이 캘리포니아의 어느 요양소에서 정신과 의사에게 털어놓는 이야기로 구성되어 있어서, 그가 '호밀밭의 파수꾼'이 되기를 포기하고 결국 서부로 떠나갔다는 것을 말해주고 있다. 그리고 그것은 곧 그가 아이들의 '순진성'이란 아무리 노력해도 영원히 지키거나 보존할 수 있는 것이 아니고, 결국은 오염된 채 어른들의 경험의 세계로 들어갈 수밖에 없다는 사실을 깨닫게 되었다는 것을 의미한다. 그래서 그의 지적 편력은 궁극적으로 순진성으로부터 지식과 경험의 세계로의 이동을 의미한다.

그러므로 홀든 콜필드의 정신적 여정과 방랑은 우선 사라져가는 순진성의 보존과 보호를 위한 것으로 볼 수 있다. 이 소설에서 콜필드가 추구하고 이끌리는 순진성은 그가 아끼는 동생 피비로 가장 잘 형상화되고 있다. 마치 포크너의 『소음과 분노』에서 누이동생 캐디의 순결 상실에 대한 강박관념으로 끝내 자살하고 마는 오빠 쿠엔틴처럼, 홀든 역시 누이동생 피비의 순진성에 대해 각별한 애정과 관심을 갖고 있다. 그래서 그는 피비의 학교 벽에 쓰인 외설스러운 욕을 지워 순진한 아이들이 보지 못하게 하려고 노력하며, 나중에 피비가 회전 목마를 탈 때에도 순진한 그녀를 보호하기 위해 동생 곁을 떠나지 않기로 결심한다. 그가 장래의 희망을 묻는 피비에게 아이들을 지키는 '호밀밭의 파수꾼'이 되겠다고 하는 것도 바로 그런 맥락일 것이다.

순진성의 상실에 대한 홀든의 강박관념은 소설 전반에 걸쳐 반복해서 나타나고 있다. 예컨대 창녀를 불러놓고도 그대로 보낸다든지, 펜시의 바람둥이 룸메이트 스트레이트레터에 의해 자기가 좋아하는 제인 갤러거가 순결을 잃을까봐 노심초사한다든지 하는 것 등은 모두 순진성의 상실에 대한 홀든의 강박관념을 잘 보여주고 있다. 또 '호밀밭'에 대한 노래를 부르며 길가를 위태롭게 걸어가는 어린아이를 보며 기분 좋아하는 것 역시 순진성의 수호자로서 홀든의 심리를 잘 드러내주고 있다.

홀든은 자연사 박물관을 특히 좋아하는데, 그 이유를 "그곳에서는 모든 것이 그대로 보존되기 때문"이라고 말한다. 즉, 자연의 역사는 유리로 된 창 안에 오염되지 않고 순수를 간직하며, 언제 찾아오더라도 변하지 않는 모습을 보여주기 때문이라는 것이다. 그러나 그러한 순수의 보존은 현실에서는 불가능한 것이다. 마치 블라디미르 나보코프의 롤리타처럼, 시간이 흐르면 피비도 순수성을 잃게 될 것이고 타락한 어른이 될 수밖에 없기 때문이다. 영속하는 순수란 없다. 인간은 필연적으로 순수를 상실하고 타락하며, 결국 허위와 가식 속에 살게 된다. 홀든의 고뇌는 바로 그러한 필연적 사실의 슬픔을 인식하는 데서 비롯되는 것이다.

『호밀밭의 파수꾼』에서 홀든은 다음과 같이 말한다.

물건에 따라서는 언제까지라도 현재모습 그대로 보존하고 싶은 것이 있는 법이지. 그런 건 그 큰 유리 상자에 넣어서라도 가만히 놔둬야 한다고 생각해. 그게 불가능하다는 것 정도는 알고 있지만, 그래도 그런 불가능이 너무나 안타깝거든.

홀든은 유원지를 지나가다가 두 아이가 시소를 타고 있는 모습을 보는데, 체중이 서로 다른 두 아이들을 위해 균형을 잡아주려다가 아이들이 싫어하는 것 같아 포기한다. 이 장면은 나중에 회전목마를 타던 피비가, 잡으면 한 번 더 태워주는 금빛 고리를 잡으려고 손을 내밀고 피비가 떨어질지도 몰라 걱정하는 홀든의 모습과 긴밀하게 병치된다.

애들은 모두 금빛 고리를 잡으려고 애썼어. 금빛 고리를 잡으면 공짜로 한 번 더 탈 수가 있거든. 피비도 그 금빛 고리를 잡으려고 손을 뻗었지. 나는 피비가 목마에서 떨어지지나 않을까 걱정이 되어 견딜 수 없었지만 아무 말도 하지 않고 그냥 내버려두었단다.

애들이 금빛 고리를 잡고 싶어할 땐 그대로 내버려 둬야 한다고 생각했던 거야. 말리거나 그만 두라는 말을 해서는 안 되지. 떨어질 때 떨어지더라도 뭐라고 해서는 안 되는 거라고.

홀든은 비록 아이들을 절벽에서 떨어지지 않도록 보호해주는 '호밀밭의 파수꾼' 역할을 하게 되기를 원하지만, 그러나 현실세계에서는 그것이 불가능하다는 사실을 깨닫게 되는 것이다. 그래서 그는 다만 아이들이 행복해하는 것을 바라보는 것만으로도 행복을 느끼게 된다.

피비가 빙글빙글 계속 도는 걸 보면서 나는 너무나도 행복했어. 솔직히 말하면 큰소리로 외치고 싶을 정도였다니까. 그 정도로 난 행복했어. 왜 그랬는지는 나도 잘 몰라. 다만 피비가 파란 외투를 입고 빙글빙글 계속 도는 모습이 너무나도 예쁘게 보였단다. 정말이지 네게도 그걸 보여주고 싶었어.

홀든 콜필드가 정신적 편력을 선택하는 두 번째 이유는, 사회제도 속에서 길들여져 자신도 모르는 사이에 기성세대로 편입되는 것을 거부하기 위해서다. 우선 홀든은 자신이 다니던 고등학교에서도 기성세대와 크게 다를 바 없는 속물들을 발견하고 좌절한다. 그는 자신의 그러한 환멸을 옛 애인 샐리에게 털어놓는다.

언제 시간 있으면 남자학교를 가보라고. 틈나는 대로 시험 삼아서 말이야. 엉터리 놈들로 득실거릴 테니. 놈들이 하는 짓이란 기껏해야 장차 캐딜락을 살 수 있는 신분이 되기 위해 공부할 뿐이라고. 그리고 만일 축구팀이 지면 속상해서 견딜 수 없는 척이나 하고. 하는 짓이라고는 하루 종일 여자 애와 술과 섹스 얘기만 지껄여대지. 모두가 역겨운 패거리를 지어서 똘똘 뭉친다고. 농구팀 놈들끼리 뭉친다. 가톨릭 친구들끼리 뭉친다. 지성파 친구들끼리 뭉친다. 브리지하는 놈들끼리 뭉친다. 심지어는 월간 추천도서 클럽에 들어 있는 친구들마저 자기들끼리만 똘똘 뭉치거든.

위 언급을 통해 홀든은 고등학생들이 보여주는 속물주의와 패거리문화를 신랄하게 비판한다. 미래의 시민을 양성하는 학교에서 홀든이 발견한 것은 기성세대와 별 다를 것 없는 허위와 위선, 그리고 기만과 가식뿐이었다.

홀든은 샐리에게 연정을 느껴 자기와 함께 멀리 도망가자고 제안한다. 그의 도피는 순수의 보존을 위한 한 시도이자 기존체제에 대한 저항의 제스처가 된다. 그러나 샐리는 홀든이 대학을 졸업하고 직장을 갖고 결혼한 후에도 얼마든지 멋진 곳으로 멀리 떠날 수 있다고 대답하며 주저한다. 그때 홀든은 다음과 같이 지적한다.

대학 같은 델 다니고 난 뒤엔 멋진 곳으로 갈 수 없어. 잘 들어봐. 대학을 다니면 완전히 사정이 바뀌고 말아. 우리는 여행가방 따위를 들고 엘리베이터로 내려가게 되는 거야. 모두에게 전화를 걸어 작별인사를 하고. 호텔 같은 데에서 엽서도 띄워야 할 거야. 나는 회사에 취직해 돈을 벌게 되겠지. 택시나 메디슨가의 버스로 회사에 통근하거나, 신문을 읽거나 브리지를 하거나, 영화관에 가서 시시한 단편영화나 예고편이나 뉴스영화를 보게 될 거야. 뉴스영화라는 게 우습잖아. 멍청이 같은 경마나, 배의 진수식에 유명 귀부인이 병을 던져 깨거나, 침팬지가 팬티를 입고 자전거를 타거나 하는 것들뿐이라고. 대학을 다니면 완전히 바뀐다고. 넌 내 말을 전혀 이해하지 못하고 있어.

이윽고 홀든은 자기를 이해하지 못하는 샐리를 포기한다. 그리고 환멸 속에서 결국 16세의 나이로 순수에서 추락해 성인의 세계로 들어간다. 뉴욕에서 그가 겪는 일련의 밤의 방랑은 바로 그러한 그의 눈뜸의 과정을 상징적으로 보여주고 있다. 학교를 떠나 대도시의 밤거리에서 겪는 끊임없는 환멸과 좌절, 술 취함과 폭력, 그리고 기만과 허위는 타락한 성인세계로 홀든을 데리고 가는 과정의 상징적 장치들이다. 그러므로 그가 현기증을 느끼고 쓰러지는 것은 자신이 처한 현실에서 겪는 정신적 추락을 은유적으로 보여주고 있다.

홀든의 방랑과 탐색의 또 다른 목적은 자신의 정체성 탐색이다. 그는 기차에서 만난 급우 어머니에게는 자신을 루돌프 슈미트라고 소개하며, 호텔방으로 찾아온 창녀에게는 자기가 짐 스틸이라고 말한다. 그러나 사실 그가 여러 사람들을 만나고 밤거리의 방황을 통해 추구하고 탐색하는 것은 자신의 정체성이다. 정체성은 물론 타자와의 만남과 연관 속에서 형성되고 그 모습을 드러낸다. 그러한 타자와의 만남에는 언제나 진정한 교류와 이해가 선행되어야만 한다. 문제는 홀든과 그가 만나는 사람들 사이에 진정한 교류를 찾아보기 힘들다는 점이다.

그래서 홀든은 늘 외롭고 고독하다. 그가 보는 성인들의 세상은 모두 허위와 가짜(phony)로 되어 있고, 그는 거기에 혐오감을 느낀다. 홀든이 자주 현기증과 구토증을 느끼는 이유도 아마 그런 이유에서일 것이다. 그런 의미에서 홀든은 사르트르의 실존주의 소설 『구토』의 주인공 로깡뗑과도 같다. 로깡뗑처럼 홀든도 실존주의적 구토를 느끼며, 자신의 정체성과 실존의 의미를 찾아 거리를 헤맨다. 그렇다고 해서 홀든이 사회와 완전히 단절하는 것은 아니다. 때로 그는 사람들과 관계를 맺고 현실과 연관을 맺고 살아간다. 그러나 그는 자신의 참여와 연관에 대해 부단히 거부감을 느낀다. 그러면서 결국 그 자신도 어른의 세계로 편입되어 들어간다.

현실세계와 타협하지 않는 방법은, 또는 저항의 상징적 제스처는, 미치거나 아니면 미치는 척하는 길밖에 없을 것이다.

적절하게도 『호밀밭의 파수꾼』은 홀든이 몸과 마음을 치료하는 요양소에서 자신의 지난날을 회상하며 이야기하는 식으로 되어 있다. 그런 의미에서 홀든은 이상적인 반항아이면서, 동시에 사회의 부적응자이기도 하다. 앤톨리니 선생님은 홀든이 추구하는 것이 현실에서는 불가능한 것이라는 사실을 다음과 같이 말해준다.

인생의 어느 시기에는 자기가 놓여있는 환경이 도저히 제공해줄 수 없는 어떤 걸 찾아 헤매는 사람들이 있는데, 지금의 네가 바로 그렇단다.

뉴욕에서 만난 앤톨리니 선생님은 또 홀든에게 교육제도는 나쁠망정 교육 자체가 나쁜 것은 아니라고 말해준다.

그렇다고 교육을 받고 지식 있는 인간만이 세상에 가치 있는 공헌을 할 수 있다고 말하려는 건 아니다. 사실은 그렇지 않으니까. 그렇지만 말이다. 교육이나 지식이 있는 인간 쪽이 발달한 재치와 창조적 능력을 처음부터 가지고 있다면 ─불행하게도 그런 경우는 드물지만─ 그것은 단지 발달한 재치와 창조적 능력만을 가진 인간보다도 훨씬 더 가치 있는 기록을 남기기 쉽다는 거야. 그런 교육이나 지식이 있는 쪽이 자기의 생각을 대체로 명확히 표현하고, 대개는 자신의 생각을 끝까지 규명해 나가는 정열을 갖고 있으니까. 게

다가 제일 중요한 것은 십중팔구 그런 사람이 학식이 없는 사상가들보다도 더 겸허하다는 점이다.

즉, 창의력을 저해하는 '제도로서의 교육'은 바람직하지 않지만, 진정한 교육과 지식은 좋은 것이며, 학식을 갖추고 교육을 받은 사람이 창의력과 재치만 있는 사람보다 더 낫다는 것이다.

『호밀밭의 파수꾼』은 겨울인 크리스마스에 시작된다. 겨울은 모든 것이 죽어가는 계절의 종말이지만, 크리스마스는 새롭게 태어나는 재생을 상징한다. 그런 의미에서 이 소설의 계절적 배경은 순수의 종말과 경험의 탄생을 상징하고 있다고 볼 수 있다. 비록 순수성을 지키는 '호밀밭의 파수꾼'의 비전은 사라졌는지 모르지만, 홀든은 지나간 것들을 그리워하며 회전목마를 타고 있는 어린시절 피비의 환영을 본다. 작품의 마지막에 홀든은 예전에 알고 지냈고 한때는 경멸했던 속물들까지도 보고 싶다고 말하며 그들을 포용하는 제스처를 보여준다.

그건 그렇다 치고, 그녀가 화장실에 간 사이에, D. B.는 이제까지 얘기한 것에 대해 어떻게 생각하느냐고 물어왔어. 솔직히 말하면 어떻게 생각하는지 나 자신도 모르겠어. 나는 많은 사람들에게 이 얘기를 한 것을 후회하고 있어. 내가 알고 있는 것이라고는 이 얘기에 나오는 친구들이 지금 여기에 없어 쓸쓸하다는 것뿐이야.

예를 들면 스트래드레터나 애클리조차도 보고 싶다고. 그
리고 모리스 녀석조차도 그립다니까. 이상한 일이지. 누구에
게도 아무 이야기도 하지 않는 편이 좋았을 거야. 이야기를
하고 나면 그때의 친구들이 지금 내 주변에 없다는 게 더욱
아쉬워지기 때문이야.

소설의 마지막에 홀든은 흘러간 자신의 고등학교 시절의
추억에 잠긴 채, 당시에는 속물이라고 무시했던 친구들을 그
리워한다. 그런 맥락에서 홀든은 체제 저항적일는지는 몰라도
체제 파괴적은 아니다. 그는 한 발은 현실에, 또 한 발은 이상
에 집어넣고 고뇌하는 젊은이다. 그런 그의 모습을 샐린저는
뛰어난 블랙 유머 기법으로 묘사하고 있다. 부조리한 현실에
서 구토를 느끼는 홀든의 모습은 제2차세계대전 이후, 그리고
원자탄 이후 미국의 젊은이들이 느꼈던 좌절과 고뇌를 잘 그
려내고 있다.『호밀밭의 파수꾼』은 질서와 안정이라는 캐치프
레이즈 아래, 위선과 기만 속에 살며 교육제도나 사회제도를
통해 진보주의 정신을 억압했던 당시 기성세대에 대한 통렬한
비판이자 고발이었다.

홀든 콜필드를 위한 변명

『호밀밭의 파수꾼』에 대한 비판과 옹호

『호밀밭의 파수꾼』은 비록 젊은 세대들의 경전이었고 베스트셀러였지만, 모두에게 환영받은 것은 아니었다. 보수주의자들은 이 책을 고등학교 도서관에서 없애자는 캠페인을 벌이기도 했고, 대학 강의실에서도 금지시켜야 한다고 주장했다. 이 책에 반대하는 팸플릿에는 "이런 쓰레기가 추천도서로 우리들의 자녀들에게 읽히고 있다. 이런 것이 과연 공립학교에서 교사들이 추천할 수 있는 책이란 말인가?"라고 씌어있기도 했다. 오클라호마 주 털사의 한 고등학교 교사인 베아트리스 레빈은 국어시간에 『호밀밭의 파수꾼』을 추천했다가 구설수에 올랐으며, 휴스턴의 한 변호사는 강의실에서 『호밀밭의 파수꾼』을 다룬다는 이유로 자기 딸을 텍사스대학으로부터 빼내 다른 학교로 전학시키기도 했다. 또 켄터키 주 루이빌의 고교교사인 도널드 피니는 강의실에서 학생들과 같이 『호밀밭의 파수꾼』을 읽었다는 이유로 해직되기도 했다. 신문과 방송에서도 연일 『호밀밭의 파수꾼』을 비난하는 논쟁들이 있었고, 실제로 많은 고등학교 도서관에서 『호밀밭의 파수꾼』은 금서가 되기도 했다.

예컨대 1999년에 미국도서관 협회가 발표한 '50권의 위대한 금서' 목록에서 『호밀밭의 파수꾼』은 13위를 차지했다. 그 중에는 마크 트웨인의 『허클베리 핀의 모험』, 루이스 캐롤의 『이상한 나라의 앨리스』, 그리고 심지어는 아서 코난 도일의 『셜록 홈즈의 모험』도 있었는데, 그것들은 모두 나쁜 청소년 모델을 제시하고 있기 때문에 금서가 되었다고 알려져 있다. 특히 허크와 홀든은 학교와 교회를 싫어하고, 상스러운 욕을 하며, 술과 담배를 하기 때문에 청소년들에게 해로운 영향을 끼친다는 것이 금서의 이유였다.

비판자들은 『호밀밭의 파수꾼』의 언어가 "거칠고 세속적이고 외설적이며, 세상을 가짜라고 비난하는 홀든이야말로 가짜"라고 비난한다. 예컨대 영국의 『타임스 리터라리 서플리먼트』지는 『호밀밭의 파수꾼』이 끝없는 신성모독과 외설스러운 말로 점철되어 있다."고 비판하기도 했다. 그러나 『호밀밭의 파수꾼』의 비판자들이 화를 내는 보다 더 근본적인 이유는 이

소설이 기성세대의 치부를 과감히 드러내 고발하고 있기 때문
이라고 할 수 있다.『호밀밭의 파수꾼』이 그렇게 인기 있었던
이유는, 당시 전후 젊은 세대가 느꼈던 좌절과 분노를 이 소설
이 정확하고도 시원하게 드러내 주었기 때문이다. 당시 미국
의 젊은이들은 그런 '가짜' 세상으로부터 도망침으로써 현실
을 개선하고 자신을 향상시키며 순수성을 보존할 수 있다는
희망을 갖고 있었다. 홀든 역시 끊임없이 서부로 도망치려고
하지만, 결국 이 소설의 메시지는 "우리는 도망칠 수 없다."라
는 것이다. 그래서 휴 맥리언 같은 사람은『호밀밭의 파수꾼』
을 "출구가 없는 보수주의적 소설"이라고 부르기도 한다.

　『호밀밭의 파수꾼』의 언어가 외설적이라고 비난하는 사람
들 또한 홀든이 피비의 학교 벽에 쓰인 외설스러운 욕을 지우
는 장면의 중요성을 간과하고 있다. 즉, 홀든의 언어가 외설스
러운 것이 아니라, 홀든이 싫어서 도망치는 현실이 외설스럽
다는 것이다. 다시 말해, 홀든은 외설적인 것을 증오하는 사람
이지, 결코 외설적인 언어를 사용하는 사람이 아니라는 것이
다. 홀든이 외설적인 것으로부터 어린아이들을 보호하려는 사
명감과 비전을 갖고 있다는 것을 발견하는 것은 사실 그리 어
려운 일이 아니다. 그럼에도 많은 사람들은 단지 기성세대와
체제에 저항한다는 이유만으로 홀든을 외설스러운 인물로 폄
하하는 우를 범하고 있다.

　또 하나 중요한 것은, 홀든에게는 기존체제를 전복시킬 힘
이 없다는 사실이다. 사실, 자세히 읽어보면『호밀밭의 파수

꾼』은 결코 단순한 사회제도에 대한 급진적인 비판이나 공격이 아니라는 것을 쉽게 알 수 있다. 『호밀밭의 파수꾼』은 현상유지를 지지하는 것도 아니지만, 그렇다고 체제를 전복하자는 것도 아니어서, 극단적인 보수주의나 극단적인 급진주의 모두를 만족시키지 못한다. 『호밀밭의 파수꾼』은 이 세상이 본질적으로 '가짜'라는 것, 그리고 그 속에서 아이들은 필연적으로 순진성을 상실하고 어른이 되며, 결국 그 '가짜'의 일부가 되어간다는 것을 인식하는 소설이다. 또한 그러한 과정에서도 인간은 자신을 구하기 위해 노력해야만 한다는 메시지를 담은 소설이다. 『호밀밭의 파수꾼』이 비판하는 것은, 아이들이 그러한 인식을 하고 정신적으로 성장하도록 도와주는 대신, 아이들에게 기존 체제와 가치관을 그대로 강요하는 학교와 교사들이다. 그러한 체제에서 홀든 콜필드 같은 예민한 소년들은 사랑의 결핍과 방향감각의 상실을 통감하고 방황하는 것이다.

문학 비평가들은 홀든을 보수주의자라고 평한다. 그 이유는, 그가 자신이 속해있는 중산층의 편견을 별 비판 없이 받아들이고 있기 때문이기도 하고, 또 한편으로는 현실을 개혁할 힘이나 의지가 그에게 없기 때문이기도 하다. 홀든은 체제전복을 하지 못할 뿐 아니라, 자살조차 하지 못한다. 딱 한 번 자살을 생각할 때에도 그는 자신의 시체가 바로 덮여지지 않아 거리의 건달들이 모여 바라보게 되지나 않을까 걱정하다가 자살을 포기한다. 그런 의미에서 홀든은 제멋대로 구는 거친 저항아라기보다는, 대단히 귀엽고 착한 반항아라고 할 수 있다. 그래서 샌포드 핀스커는 "홀든을 비도덕적이라고 평하는 많은 비평가들과는 달리, 홀든은 비도덕적인 어른들의 세상에서 너무나 도덕적인 인물이다."라고 말하고 있다.

『호밀밭의 파수꾼』에서 홀든은 1년에 6.5인치씩이나 자라서 마르고 폐결핵까지 걸려있는 병든 청소년으로 제시된다. 그러나 『호밀밭의 파수꾼』에서 진정으로 병든 것은 홀든이 아니라, 그가 도망치려 하는 '사회'다. 홀든은 성인이 되고 싶어하지 않는다. 왜냐하면 가짜로 이루어진 현 사회에서는 자기가 맡을 역할을 찾을 수 없기 때문이다. 홀든의 신체적 성장이 비정상적으로 빠른 것은 그가 성인이 되고 싶어하지 않는다는 점에서 대단히 역설적이다. 왜냐하면 아무리 자라고 싶지 않다고 해도 사람은 결국 성장해서 성인이 될 수밖에 없기 때문이다.

그런 면에서 홀든은 귄터 그라스의 『양철북』의 주인공 오스카와 대비되면서 동시에 공통점도 갖고 있다. 예컨대 자라기를 거부해 신체적 성장이 멈추었다는 점에서 오스카는 신체적 성장속도가 빠른 홀든과 정 반대지만, 제2차세계대전 이후 전후사회의 문제점을 목격하고 폭로하며 고발하고 있다는 점에서는 오스카와 홀든은 공통점을 갖는다. 그리고 두 사람 다 성인이 되기를 거부한다는 점에서도 공통점을 갖는다. 홀든이 고등학교 졸업을 포기하는 이유도, 졸업 후에는 아이비리그 대학에 가서 결국 속물 기성세대의 일원이 될 수밖에 없다는 사실을 그가 잘 알고 있기 때문이다.

홀든은 절벽에 서서 호밀밭을 걸어오는 아이들이 떨어지지 않게 지키는 파수꾼이 되겠다고 말한다. 아마도 그것은 아이들의 순진한 세계와 어른들의 허위 세계 사이의 경계선에 서서 아이들의 순수성을 보존하도록 도와주려는 그의 소망을 은유적으로 표현한 것처럼 보인다. 그러나 아이들을 자라지 않게 하겠다는 그의 소망은 현실에서는 다만 불가능한 꿈일 뿐이며, 그도 그것을 잘 알고 있다. 그가 학교에서 본 외설스러운 욕 같은 것들은 결국 순진한 아이들을 절벽으로 밀어내는 것들이다. 그는 그 욕들을 지움으로써 아이들을 보호하려 해보지만, 앞에서 지적한 것처럼, 어떤 낙서는 칼로 새겨져 있어서 지우는 것이 불가능하다는 사실을 깨닫게 된다.

부조리한 사회의 주인공 홀든 콜필드

홀든 콜필드는 단순히 성장하기를 원하지 않는 사람이라기보다는, 성장에 수반되는 고통으로 인해 고뇌하는 젊은이라고 보는 편이 보다 더 정확할 것이다. 예리한 감각과 지각력을 가진 홀든은 진정한 교류와 상호이해가 불가능하며 위선과 허위로 점철되어 있는 성인세계와 기성사회에 대해 환멸을 느끼고 좌절하며, 구토증을 느끼며 고뇌하는 현대인의 전형이다. 홀든이 단순히 막나가는 반항아가 아니라, 비인간적이고 허무주의적인 세상에서 윤리적으로 살려고 노력하는 젊은이라는 사실은 대단히 중요한 의미를 갖는다. 그는 그러한 부조리한 상황을 블랙 유머로 시니컬하게 묘사해 독자들을 즐겁게 해준다.

『호밀밭의 파수꾼』에서 홀든은 특히 헐리우드와 교회를 신랄하게 비판한다. 그는 형 D. B.가 헐리우드에서 매춘을 하고 있다고 비난하며, 라디오 시티의 크리스마스 쇼에 대한 묘사를 통해 상업주의와 결탁해 영적인 힘을 상실한 현대 교회를 비판하고 있다. 홀든이 보는 현대사회와 종교는 상업주의와 혼합된 인공적인 무대의 쇼처럼 진실성을 상실하고 있으며, 허위로 점철되어 있다. 그가 발견하는 순수성과 순진성은 이미 악에 오염되어 있고, 그가 바라보는 밤의 풍경은 허위와 위선으로 가득 차 있다. 호텔 창문 밖을 바라보며, 그리고 나이트클럽을 전전하며 홀든은 자신을 지탱해줄 진실과 순수성을 찾아 정신적 방랑을 계속한다.

『호밀밭의 파수꾼』은 그래서 좌절과 부패로 오염되어 있는 어른 세계 속에서 유일한 보람 있는 일은 순수한 어린아이들을 붙잡아 그러한 파괴적 세계로 들어가지 못하게 하는 것이라고 말한다. 그러면서도 이 소설은 그러한 작업이 사실은 불가능하다는 것, 어린이들의 성장은 멈출 수 없으며 결국 아이들은 순수성을 상실하고 성인의 세계로 들어간다는 것을 인식하고 슬퍼하고 있다. 그런 의미에서 홀든은 숲의 사라짐을 슬퍼하면서도 받아들일 수밖에 없었던 포크너의 『곰』의 주인공 아이크 매카슬린과도 같다. '호밀밭의 파수꾼'이 사실은 불가능한 임무인 이유도 바로 거기에 있다.

그러므로 홀든의 문제점은 그가 아이들로 하여금 현실을 피하게 만드는 것 외에는(사실은 그것도 불가능하지만) 그 어떤 해결책도 제시하지 못한다는 점이다. 그러한 상황에서 한 가지 가능성으로 샐린저는 선불교 사상을 검토하지만, 선불교나 동양의 신비주의 사상은 서구인에게는 자칫 현실도피처럼 보이기 쉽다. 그래서 샐린저는 선불교보다는 기독교적 사랑을 통한 구원책을 추구한다. 그래서 『호밀밭의 파수꾼』의 마지막에 홀든은 '가짜' 세계의 친구들을 다시 그리워하는데, 이는 현실의 한계를 인정하고 포용과 이해와 사랑의 힘을 인정하는 것이라고 볼 수 있다.

  『호밀밭의 파수꾼』에서 홀든은 부단히 뉴욕을 떠나 서부로 도망치고 싶어 한다. 미국인들에게 서부는 문명과 사회로부터의 도피, 기계와 제도로부터의 탈출, 그리고 허위와 속물주의로부터의 도망을 가능하게 해주는 이상적인 초원의 상징이다. 미국인들에게 서부는 또 자립, 독립 그리고 자유의 표상이며 개인주의를 가능하게 해주는 신화적이고 원형적인 장소다.

  홀든이 뉴욕에서 만나는 옛 애인 샐리는 홀든이 혐오감을 느끼고 도망치려는 맨해튼과 브로드웨이와 록펠러 센터로 표상되는 동부의 상징이다. 비록 그녀의 아름다운 외모에 이끌려 홀든이 혼란을 느끼고 착각을 일으켜 청혼까지 하고 같이 서부로 도망가자고 제안하지만, 샐리는 홀든이 싫어하는 거의 모든 것을 갖춘 여자다. 그러므로 같이 도망가자는 홀든의 제안을 샐리가 거절하는 것은 필연적이다.

반면, 홀든의 여동생 피비는 속물적인 샐리와는 정반대의 인물로서 순수한 어린아이의 상징이고, 따라서 기꺼이 홀든과 같이 서부로 떠나겠다고 따라나선다. 『호밀밭의 파수꾼』에서 가장 핵심적이고 상징적인 장면인 회전목마 장면에서 홀든은 자신이 영원히 지키고 보존해야 할 것이 무엇인가를 깨닫고 행복감을 느낀다. 그러나 그는 동시에 피비가 영원히 어린아이로 남아있을 수는 없고 언젠가는 회전목마에서 내려와야 한다는 것도 깨닫는다. 그리고 회전목마를 계속 탈 수 있는 놋쇠고리를 잡으려다가 피비가 떨어질(fall) 수도 있다는 사실, 즉 피비의 순수성이 언젠가는 상실될(fall) 수도 있으며, 자신의 힘으로는 어쩔 수 없다는 사실도 깨닫게 된다.

또한 서부로 간 홀든이 낙원이 아니라, 약해진 몸과 마음을 치료하는 요양소에 들어가 있다는 사실도 대단히 상징적이다. 그리고 이 모든 것들을 홀든이 요양소에서 돌이켜보며 회상하고 있다는 것 또한 시사적이다. 홀든이 자신이 보다 더 젊었을 때 추구하던 것을 찾았는지에 대해 이 소설은 별말이 없다. 다만 홀든은 자신이 과거에 저항하고 탐색했던 것의 의미를 이제는 깨닫게 된 것처럼 보인다.

샐린저의 단편들

글라스 패밀리 가족사

1945년에서 1951년까지 샐린저는 16개의 단편을 발표했는데, 그중 다섯 개는 홀든 콜필드와 그의 가족에 대한 것이었고, 세 개는 샐린저가 자신의 모습을 투사했다는 소위 '글라스 패밀리 가족사'에 관한 것이었다. 시모어 글라스라는 인물의 자살을 다룬 이 가족사 이야기는 샐린저의 두 번째 작품집인 『나인 스토리스 *Nine Stories*』를 관통하는 소재이자 주제가 된다. 글라스 패밀리 이야기에서 샐린저는 현대인의 딜레마를 해결하는 방법으로 동양의 선불교나 신비주의의 가능성에 주목하지만, 결국 신비주의로 서구인의 문제를 해결할 수는 없다는 결론에 다다른다.

초기 단편 중 「드 도미에르 스미스의 우울한 시기 *De Daumier-Smith's blue period*」와 「테디 *Teddy*」가 신비주의를 다룬 것들인데, 전자에는 위선적인 가짜 세상에 대해 예민하게 반응하고 반항하며, 주위로부터 스스로를 고립시키는 샐린저 특유의 주인공이 등장한다. 어린시절, 주인공 장은 어머니 외에는 누구도 진정으로 사랑해본 적이 없어 사랑의 결핍으로 인한 고립은 더욱 심화된다. 어머니가 돌아가신 후, 그는 계부와 함께 뉴욕으로 이사하는데, 거기서 그는 파리에 살 때 미술솜씨를 좀 인정받았던 경험을 살려 이력을 잔뜩 부풀린 다음, 몬트리올에 있는 미술통신학교 강사 자리에 응모한다.

그럼으로써 그는 계부와 자기가 같은 여인을 사랑했다는 오이디푸스적 내면세계에서 벗어나 외부세계로 들어가게 된다. 그가 자신의 어린시절과 현재에 대해 이야기하는 것은 바로 자신이 들어간 새로운 혼란스러운 외부현실에 질서를 부여하기 위해서다. 그는 외부세계에서도 자신의 정체를 숨김으로써 철저하게 고립된다. 심지어는 자신이 통신으로 가르치는 학생들도 결코 만날 수 없는 사람들이다.

그 미술통신학교는 두 명의 일본인이 경영하고 있다. 그가 자신은 불교를 좋아한다고 말하자, 두 일본인은 자기들은 장로교도라고 말하는 아이러니도 벌어진다. 샐린저의 고독한 주인공 장은 성 요셉수녀원의 수녀 이르마의 그림에서 드러나는 아름다움을 보고, 그녀를 통해 다른 예민한 사람과의 진정한 교류의 가능성을 발견한다. 그는 수녀를 사모하게 되고, 그녀에게 열렬한 편지를 보낸다.

그러나 그의 편지를 발견한 수녀원장이 이르마 수녀와 미술학교와의 관계를 끊자, 그는 고통과 절망에 빠지게 된다. 그러나 그는 어느 순간 찾아온 종교적 깨달음 속에서 절망에서 벗어나 다시 희망을 갖게 된다. 그 신비주의적인 깨달음은 마치 강렬한 햇빛처럼 그를 찾아와 그에게 정상적인 삶을 살도록 해준다. 비록 신비주의자는 아니지만, 그는 신비주의적인 깨달음을 경험하는 것이다.

또 다른 단편 「테디」의 주인공은 명상을 통해 선불교에서 득도의 경지인 '사토리'를 터득한 10세 소년 테디 맥아들이다. 테디는 신비주의를 통해 부모에 대한 거부감과 현실에 대한 불만을 극복한다. 이 단편에서 샐린저는 테디의 신비주의를 서정적으로, 긍정적으로 묘사하는데, 선불교와 신비주의에 대한 관심은 앨런 긴스버그를 포함한 비트세대들의 공통적인 특성이기도 했다. 당시 그들이 보기에 벽에 부딪친 서구문명의 탈출구는 동양의 선불교 사상과 신비주의인 것처럼 보였기 때문이다.

그러나 샐린저는 글라스 가족 이야기를 다룬 「바나나피시의 좋은 날 *A perfect day for bananafish*」에서는 동양의 신비주의가 서구인의 딜레마의 해결은 아니라는 암시를 준다. 글라스 가족은 모두 일곱 명의 아이들로 구성되어 있는데, 순서대로 하면, 시모어, 버디, 부부(Boo Boo), 쌍둥이인 월트와 웨이커,

자카리(주이) 그리고 프래니가 바로 그들이다. 그들의 아버지 레스는 유대계이고, 어머니 베시는 아일랜드계이며, 유명한 보드빌 극단의 일원이었다. 부모를 닮아 아이들도 공연에 천재적인 재주를 갖고 태어났으며, 일곱 사람 모두 라디오 프로그램인 '현명한 아이(It's a Wise Child)'에 출연하기도 했다. 그리스 신화에서 율리시즈의 아들 텔레마커스가 아테나 여신에게 한 대답인 "자기 아버지가 누구인지 아는 현명한 아이"에서 빌려온 이 프로의 이름은 미래에 있을 글라스가(家) 아이들의 정신적 오디세이를 미리 예시해주고 있다.

글라스 가족사에서 시모어 글라스는 우울증을 치료하기 위해 아내와 함께 플로리다로 간다. 「바나나피시의 좋은 날」에서 독자들은 시모어의 아내 뮤리엘과 뮤리엘의 어머니 사이의 전화통화를 통해 시모어의 우울증의 이유를 짐작할 수 있게 된다. 뮤리엘은 정상적인 것을 좋아하는 여자이고, 멜로드라마를 보며 감정을 해소하는 여자다. 시모어가 자살하는 호텔 방에도 뮤리엘이 새로 산 송아지가죽 가방과 매니큐어 지우는 용액 냄새가 배어 있다. 즉, 뮤리엘은 시모어나 홀든이 싫어하는 표피문화의 상징인 것처럼 보인다. 그러나 시모어의 자살 동기는 사실 그러한 표피문화나 위조품 세상에 대한 반발이라기보다는, 신비주의적 삶에 대한 거부라고 할 수 있다.

뮤리엘이 자기 어머니와 이야기하고 있는 동안, 시모어는 해변가에서 시빌 카펜터라는 여자와 같이 있다. 시모어는 여러 가지 환상적인 이야기로 시빌의 마음을 사로잡는데, 그중 하나는 바바나피시에 대한 것이다. 시모어는 바나나피시 잡는 법을 시빌에게 가르쳐준다. 그에 의하면, 바나나피시는 바나나가 들어있는 구멍 속으로 헤엄쳐갈 때까지만 해도 보통 물고기와 다름이 없지만, 일단 구멍 속으로 들어가면 마치 돼지처럼 바나나를 먹어대 결국 몸이 불어 들어간 구멍으로 다시 빠져나올 수 없게 되어 파멸한다.

시모어는 동생들에게 그리스도처럼 보일만큼 그동안 여러 가지 영적인 경험을 해왔지만, 그러나 그 내면적인 것에 너무 탐닉한 탓에 이제는 외부의 현실세계에 도저히 적응해 살 수가 없게 된다. 시빌과 헤어져 호텔로 돌아온 시모어는 권총을 꺼내 스스로 목숨을 끊는다. 이러한 설정은 신비주의는 인간을 세상과 절연시키기 때문에 부조리한 세상에서 살고 있는 현대인의 문제를 해결해줄 수 없다는 샐린저의 생각을 잘 드러내주고 있다고 볼 수 있다. 특히 내면으로의 침잠이 아니라, 외부세계로의 탐색과 추구를 중시하는 서구인들에게 동양의 신비주의는 해결책이 되기 어렵다는 것이 샐린저의 결론이었던 것 같다.

「목수여, 지붕의 대들보를 높이 올려라」에서 시모어는 결혼이 너무 좋았던 나머지 자신의 결혼식에조차 참석하지 못한다. 결혼은 그에게 그동안 바나나피시처럼 헤엄치던 구멍에서 외부세계로 나오는 계기가 되기 때문에 시모어는 행복을 느낀다. 그러나 영적인 체험의 세계를 완전히 포기하지 못하고, 동시에 외부세계에서 살아갈 준비도 아직은 안 된 상태에서 고뇌하다가 시모어는 자살로 생을 마감한다. 샐린저는, 영적인 기적과 자살은 양극단을 의미하며, 해답은 그중간에 있다고 시사한다. 샐린저에게 영적인 신비주의는 결코 문제의 해답이나 해결책이 되지 못하며, 따라서 부조리한 세상에 존재하는 자신의 삶에 의미를 부여하는 적극적인 태도가 중요하다.

「시모어 : 서설」에는 버디 글라스가 등장하는데, 수줍어하며 냉소적인 창작교사인 그는 그 누구보다도 더 강렬한 샐린저의 이미지를 갖고 있다. 버디는 영적 훈련에 있어서는 시모어에 가까운 인물이지만, 시모어보다는 정신적으로 훨씬 더 건강하고 합리적인 인물이다. 여자인 부부(Boo Boo)는 직접 등장하지는 않지만, 시모어의 결혼식에 등장하고, 또 샐린저의 다른 단편소설 속에서 예민한 주인공 라이오넬의 어머니로 나오기도 한다.

웨이커는 로마 가톨릭 신부가 되지만, 종교는 역시 글라스 가족이 당면한 문제의 해결책은 되지 못한다. 월트도 직접 등장하지는 않지만 「코네티컷의 엉클 위글리」에서 연대장이 집으로 보내려던 일본산 석유난로를 동료와 함께 포장하다가 난로가 폭발하는 바람에 죽는다. 샐린저의 단편 중 영화화되었던 유일한 작품 「코네티컷의 엉클 위글리」는 두 여인이 순수했던 과거를 회상하는 내용으로 진행된다. 이 단편에서 월터는 잃어버린 순수성과 따뜻함의 표상으로 등장하며, 두 여인은 불만스러운 현실을 잊기 위해 술을 마시며 수다를 떤다. 엘로이즈는 한때 약혼했던 월트가 현재 남편으로 상징되는 속물

주의적 세상에 의해 파멸했다고 믿고, 뼈저린 상실감을 잊기
위해 술에 빠져 들어간다. 엘로이즈는 이제 순진한 딸 라모나
에 대한 사랑의 비전에 의존해 다시 한번 삶의 가치를 회복해
보려고 노력한다. 비록 그러한 비전이 일시적이기는 해도, 사
랑의 힘은 샐린저 소설의 중요한 모티프가 된다.

　이 단편에서 엘로이즈는 친구 메리 제인에게 남편이 얼마
나 속물인가를 말해준다.

　"근데 넌 왜 남편에게 그 사람 이야기를 해주지 않니?"

　"왜냐고? 그건 그이가 도대체 말귀를 못 알아듣기 때문
이야. 그것이 이유야. 내말 들어봐. 너 만일 재혼하게 되면
남편에게 아무 소리도 지껄여서는 안 돼. 내말 알겠니?"

　"왜?" 하고 메리 제인이 물었다."

　"말해봐야 아무 소용없으니까. 그것이 이유야. 남자들은
자기 아내는 평생 사내가 옆에 올 때마다 혐오감을 느낀다
고 생각하고 싶어 해. 농담이 아니야. 남자들에게 쓸데없는
말을 해서는 안 돼. 정직하게만 안 하면 돼. 만일 예전에 어
떤 미남을 알았다고 말하려거든 기생오라비 같았다고 해야
한단 말이야. 또 만일 재치 있는 남자를 만났다고 하려거든
약삭빠른 남자였다고 해야 해. 그렇지 않으면 무슨 일이 있
을 때마다 그 이야기를 트집 잡아 공격할 테니까."

　엘로이즈는 술잔을 입에 대고 잠깐 생각에 잠겼다.

　"그리고 그들은 또 신중하게 듣는 척 하지. 무척 이해심

이 많은 것처럼 말이야. 그렇지만 속지 말아. 내말을 믿어. 이해성이 있는 줄 알고 믿었다가는 죽도록 고생하게 되어 있어." "그럼 결혼은 왜 했어?"하고 메리 제인이 말했다.

"맙소사, 나도 잘 모르겠어. 그이는 제인 오스틴을 제일 좋아한다고 했어. 오스틴의 소설은 자신의 인생에 커다란 영향을 끼쳤다나. 꼭 그렇게 말했어. 그런데 막상 결혼해놓고 나니, 그 사람은 제인 오스틴의 소설이라고는 하나도 읽은 게 없었어. 너, 그 사람이 좋아하는 작가가 누군지나 아니?"

메리 제인은 고개를 흔들었다.

"엘 매닝 바인즈야. 그런 작가 들어봤니?"

"아니."

"나도 못 들어봤어. 아무도 들어보지 못한 작가야. 그 작가는 알라스카에서 굶어죽은 네 사람의 이야기를 썼대. 루는 그 책의 이름도 잘 기억하지 못하는데, 자기가 읽은 중에 가장 아름답게 씌어진 책이래. 기가 막혀서. 그 사람은 그 책이 이글루 속에서 굶어죽은 네 사람의 이야기여서 좋아한다고 솔직히 말할만한 정직성도 없어. 그저 그게 아름답다고 밖에는 말하지 못하는 사람이야."

엘로이즈의 딸 라모나는 상상의 친구 지미 지미리이노와 함께 논다. 나중에 지미가 교통사고로 죽었다고 생각한 라모나는 다시 미키 미키란노라는 상상의 친구를 만들어 잘 때에도 그 친구가 옆에 자도록 자리를 만들어 놓는다. 이는 엘로이즈가 '엉클 위글리'라는 별명을 가친 옛 애인 월트를 잊지 못하고 상상 속에 간직하고 있는 것과 나란히 병치되는 상징적 장치가 된다. 소설의 마지막에 엘로이즈가 라모나의 상상의 친구 자리를 없애려고 시도하는 것은 월트를 잊으려는 자신의 의도적 노력을 상징적으로 보여주는 것처럼 보인다. 상상의 친구 자리를 라모나의 침대에서 빼앗은 다음, 엘로이즈는 자신의 잃어버린 순수했던 사랑을 생각하고 감정이 복받친다.

엘로이즈는 전등 스위치가 있는 데로 가서 불을 껐다. 그리고는 문간에서 오래 서 있었다. 그녀는 갑자기 어둠 속에서 그 침대 옆 테이블이 있는 곳으로 우르르 달려가다가, 침대 모서리에 다리를 부딪쳤다. 그러나 그녀는 아픈 줄도 몰랐다. 그녀는 라모나의 안경을 두 손으로 움켜쥐면서 볼에다가 비볐다. 두 줄기 눈물이 흘러내려 안경알을 적셨다. "불쌍한 엉클 위글리!"하며 그녀는 같은 말을 몇 번이고 되뇌었다. 한참 후에 그녀는 안경을 테이블 위에 다시 올려놓았다. 그녀는 비틀거리며 라모나 침대의 가장자리 이불을 꼭꼭 눌러주었다. 라모나는 울고 있었다. 아마도 내내 울고 있었던 모양이다. 엘로이즈는 라모나의 입에 키스를 하고 두 눈을 덮은 머리칼을 쓸어준 다음 방에서 나갔다.

그녀는 아래층으로 내려가 메리 제인을 깨웠다.

"뭐야, 누구야, 응?"하고 메리 제인은 소파베드에서 벌떡 일어났다.

"메리 제인, 내 말 좀 들어봐." 엘로이즈는 흐느꼈다.

"우리가 신입생 때 기억하지? 그때 '보이즈'에서 사서 입었던 그 갈색과 노란색 무늬 옷을 보고 미리엄 볼이 뉴욕에서는 그런 종류의 옷을 입는 여자는 없다고 했었지. 그래서 내가 밤새도록 울었잖아." 엘로이즈는 메리 제인의 팔을 잡고 흔들었다. "나도 그땐 좋은 여자였지?" 그녀는 애타게 말했다. "그랬지?"

'도덕이 부재한 사회에서 어떻게 살아갈 것인가' 하는 샐린저의 관심사는 「에스메를 위하여」에서 잘 드러나고 있다. 이 단편은 주인공 'X 상사'가 에스메 결혼식의 청첩장을 받고 일종의 결혼축사로 쓴 것으로 읽을 수 있다. 고독한 그는 영국에서 노르망디 상륙작전 훈련을 받던 도중 에스메를 만난다. 어느 토요일 오후, 데본에 있는 어느 교회에 들어간 X 상사는 교회성가대에서 13살난 소녀 에스메를 만나 그녀에게 매료된다. 나중에 그들은 어느 찻집에서 재회하는데, 에스메는 떠나면서 X 상사에게 자기에게 '사랑과 더러움'에 대한 이야기를 써 보내달라고 부탁한다.

유럽에서 X 상사는 세상의 '더러움'을 본다. 그리고 그 더러움은 곧 사랑의 부재에서 기인한다는 사실을 깨닫게 된다. 바바리아 지방에서 그는 자신이 목격한 전쟁의 공포로부터 벗어나기 위해 노력한다. 예민하지 못한 동료들은 무관심하며, 동생은 기념품으로 '총검과 나치 완장'을 부탁한다. 그는 사령부로 사용하고 있던 독일의 민가에서 책장에 쓰인 "신이여,

인생은 지옥입니다."라는 구절을 발견하고, 그 밑에 도스토예프스키의 다음 구절을 써 넣는다ー"지옥이란 무엇인가? 그건 곧 사랑할 수 없기 때문에 오는 고통이다." 그러므로 단편 「에스메를 위하여」는 X 상사가 에스메에게 바치는 사랑의 제스처와도 같다. 전쟁의 공포에 시달리는 X 상사는 신비주의가 아닌, 순진무구한 어린 소녀의 사랑에 의해 구원받는다.

『프래니와 주이』

『프래니와 주이 Franny and Zooey』는 바로 그러한 사랑의 제스처에 대한 소설이다. 글라스 가족의 가장 어린 구성원에 대한 이야기인 『프래니와 주이』는 원래 『뉴요커』지에 각각 「프래니」와 「주이」로 나누어 발표되었다가 나중에 합해서 단행본으로 출간된 작품으로서, 신비주의에 이끌린 시모어가 제공해주지 못하는 '사랑의 비전'을 만들어내는 오누이의 이야기를 담고 있다.

샐린저의 소설에서 프래니는 20세의 여자 대학생으로 등장하며, 20대 후반의 텔레비전 배우인 그녀의 오빠 주이는 홀든처럼, 위선과 허위로 이루어진 세상에 대해 혐오감을 갖고 있는 사람으로 제시된다. 주이

중편소설 『프래니와 주이』의 표지.

는 동생 프래니를 아끼며, 프래니가 정신적 위기를 겪을 때마다 그녀를 위로하고 도와준다. 주이는 또 신비주의로는 현대인의 딜레마를 해결할 수 없음을 가장 강력하게 보여주는 인물이기도 하다.

「프래니」는 아이비리그에 다니는 애인 레인이 프래니의 편지를 읽으며 기차역 플랫폼에서 프래니를 기다리는 장면으로부터 시작된다. 이윽고 프래니가 기차에서 내리자 레인은 프래니를 프랑스 레스토랑으로 데리고 간다. 주말 데이트로 레인은 그녀를 예일대학교의 축구시합에 데리고 갈 예정이다. 레스토랑에서 독자들은 프래니 역시 글라스 패밀리답게 가짜 세상에 대해 혐오감을 느끼는 예민한 인물임을 알게 된다. 그녀는 시모어의 영향으로 신비주의에 빠져들지만, 동시에 현실에서 살아나갈 해답을 찾으려고 노력한다. 그녀가 속물적인 레인을 만나 운동경기에 같이 가는 것도 외부세계와 화해해보려는 그녀의 노력의 상징이라고 할 수 있다.

그런 의미에서 레인은 필요에 의해 같이 지내기는 하지만 결코 진정으로 교류할 수 없는 뮤리엘(시모어의 아름다운 아내)과 그 어머니, 또는 엘로이즈의 속물적 남편 류와도 같은 인물이다. 프래니에게서 단지 예쁜 얼굴의 여자만을 구하며, A학점을 받은 자신의 페이퍼 자랑만 늘어놓는 레인의 말을 들으면서 프래니는 다시 한번 실망과 좌절을 맛본다. 처음에 프래니는 레인의 기대에 맞추어 현실세계에 적응하려고 노력하지만, 점차 예민해져 허위와 기만으로 이루어진 속물적 가짜 세상에 거부감을 나타내게 된다. 레인은 자신의 A학점 페이퍼에 관심을 갖지 않는 프래니를 비난하고, 프래니는 점점 더 우울해져 화장실에 가서 눈물을 흘린다. 다시 자리로 돌아온 프래니는『순례자의 기도』라는 책에 대해 이야기하려 하지만 레인은 회의를 표명한다. 프래니는 극심한 구토증과 현기증을 느끼고 쓰러져 나중에 매니저의 사무실에서 깨어나 계속 순례자의 기도에 나오는 기도를 중얼거린다.

「주이」는 프래니의 데이트가 실패로 끝나고 난 후인 월요일에 시작된다. 프래니는 거실에서 고양이 브룸버그를 쓰다듬고 있으며, 주이는 목욕탕에서 목욕을 하며 4년 전에 버디에게서 온 편지를 읽고 있다. 버디의 편지에서 독자들은 프래니와 주이가 선불교에 대해 집중적인 훈련을 받았음을 알게 된다. 시모어는 프래니가 어렸을 때부터 선불교나 도교 이야기들을 읽어주었고, 프래니는 그 사상이 말하는 '순수한 의식의 경지'에 들어가는 훈련을 오랫동안 해왔던 것이다.

주이가 편지를 읽고 있을 때 어머니가 들어와 두 사람은 오랜 대화를 나눈다. 그 대화를 통해 독자들은 텔레비전이나 극장이나 작가들에 대한 주이의 냉소주의를 읽어낼 수 있고, 그 냉소주의의 저변에는 사랑에 대한 강한 신뢰가 자리 잡고 있음을 알아낼 수 있다. 주이는『위대한 개츠비』의 화자 닉 캐러웨이의 덕목이 '정직'이라면 자기의 덕목은 바로 신비주의와 사랑의 차이를 아는 것이라고 말한다 — "내 생각에 내 덕목은 신비주의적 이야기와 러브 스토리 사이의 차이를 안다는 것이지. 내가 지금 하려는 것도 신비주의적 이야기나 종교적 이야기가 아니야. 복합적이고 다원적이며, 순수하고 복잡한 러브 스토리야."

그래서 주이는 기도에만 매달리는 프래니의 태도에 반대한다. 그는 "기도만 하는 것은 돈이나 문화나 지식으로 대변되는 세상에 저항하는 대신, 이번에는 비물질적인 것들을 또다시 늘어놓은 것밖에 되지 않아."라고 말한다. 프래니를 설득하려는 시도가 실패한 후, 주이는 시모어와 버디가 쓰던 방에 들어간다. 거기서 아직도 시모어 이름으로 되어있는 전화 수화기를 들고 주이는 프래니에게 전화를 걸어 목소리를 가장해 자신이 버디인 척 한다. 언제나 시모어의 전화를 받고 싶어 했지만, 프래니에게는 버디의 전화 또한 시모어의 전화만큼이나 반가운 것이다.

프래니는 그 전화가 주이의 것임을 알지만, 모른 척 계속해서 전화로 대화를 나눈다. 주이는 프래니에게 세상의 모든 것은 비록 부패했더라도 신성한 것이라고 말한다. 즉, 젊은이들이 보는 기존 세상은 허위와 기만과 무감각의 표상이지만, 그 부조리에 저항하면서도 그런 세상에도 사랑을 잃어서는 안 된다는 것이다. 주이는 프래니에게, 그런 비전이 없이는 아무리 기도해도 만족을 얻지 못할 것이라고 말한다.

"네가 지금 할 수 있는 유일한 것은, 유일한 종교적인 것은 행동하는 거야. 신을 위해 행동하는 거지. 만일 네가 신을 위한 행위자가 되고 싶다면 말이야. 또 하나, 그리고 그게 다야. 내 약속하지. 대중의 어리석음에 대해 네가 지껄일 수록 너는 더 좌절하는 거야. 빌어먹을 서투른 웃음은 언제나 5열에서 터져 나오는 법이지. 그래, 맞아. 그건 정말 기분 나쁘지. 그러지 않다는 것은 아냐. 인정해. 하지만 그건 너와는 아무런 상관이 없는 거야. 정말 그건 너와는 아무 상관없는 거야. 프래니, 예술가의 관심은 오직 예술의 완벽함이야. 자기 스스로 알아서 하는 완벽함 말이야. 다른 사람의 말에 따르는 것이 아니고 말이야. 넌 전혀 그럴 필요가 없어. 내말 알겠어?"

주이는 좌절하고 고뇌하는 프래니에게 가짜 세상에 절망만 하지 말고, 질서와 의미를 부여하는 방법을 가르쳐 준다.

비록 신비주의 사상이 문제의 해결책은 되지 못할망정, 선불교 사상이나 도교사상은 글라스 패밀리 구성원들에게 완벽한 사랑을 찾는 길을 제공해주는 중요한 역할을 한다. 예컨대 상충되는 것까지도 포용하는 것, 관습적인 사고나 도덕의 한계를 초월하는 것은 심지어 허위나 기만 속에 사는 사람들까지도 포용하고 사랑할 수 있게 해주기 때문이다. 물론 신이 떠나버린 세상에 도덕과 사랑의 비전으로 살아나가는 것이 결코 쉬운 일은 아닐 것이다. 그럼에도 샐린저는 이 세상의 모든 악까지도 그리스도를 사랑하는 비전으로 받아들이자고 제안하고 있다.

샐린저가 일련의 단편과 중편들로 기록해나간 글라스 가족 사는 신비주의에서 구원을 찾았던 시모어의 자살로 시작되어, 막내인 프래니의 깨달음과 구원으로 끝난다. 그런 의미에서 시모어는 마치 그리스도의 죽음처럼 프래니를 (자살로부터) 살리기 위한 것이라고 볼 수 있을 것이다. 과연 시모어는 죽었지만 영적으로는 다시 부활해서 주이를 통해 프래니의 영혼을 구해내며, 그렇게 함으로써 글라스 가족의 역사는 계속된다. 주이의 비전은 겸허함과 포용, 그리고 화해에 근거해 있으며, 구원은 신비주의적인 계시에서 온다기보다는, 영속하는 사랑에서 오는 것으로 되어 있다.

일견 샐린저의 이와 같은 선택은 동양사상에서 구원을 찾기보다는 결국 서양의 기독교적 사랑으로 돌아오는 것으로 볼 수도 있을 것이다. 그러나 자세히 살펴보면 샐린저의 문학세계에서는 사랑을 찾는 구도의 길을 동양사상이 놓아주고 있기 때문에, 샐린저는 궁극적으로 동서양사상의 조화와 합일을 추구했다고 볼 수도 있다.

샐린저의 주인공들은 모두 허위와 기만으로 이루어진 부조리한 사회에 반항하며, 인간의 이상이 실패한 이 세상에서 아무런 의미를 찾지 못하는 사람들이다. 그러나 그들은 결국 모자라고 부족한 것들을 있는 그대로 포용하는 커다란 사랑으로 부족한 세상을 긍정하게 된다. 그들은 처음에 기성세대와 기존의 가치체계를 불신하고 사회에 회의와 냉소를 던진다. 그러한 태도가 단순한 허무주의가 아니라는 사실은, 샐린저의 주인공들이 반항아일 뿐 아니라, 모두 질서와 새로운 가치를 추구하고 탐색하는 모험가들이라는 사실에서도 잘 드러나고 있다.

존 레논 저격사건과 『호밀밭의 파수꾼』

『호밀밭의 파수꾼』은 현재까지 약 250만부가 팔려나갔고, 1981년까지만 해도 21권의 연구서 단행본, 344개의 논문과 서평, 그리고 142개의 관련 문건들이 출간되었다. 현재까지 나온 문헌을 다 포함한다면, 샐린저에 대한 연구는 엄청날 것이다. 일찍이 조지 스타이너는 그와 같은 샐린저 열기를 '샐린저 산업(Salinger Industry)'이라고 불렀다. '샐린저 산업'은 특히 젊은이들에게 막강한 영향을 끼쳤는데, 그 결과는 때로는 긍정적으로 또 때로는 부정적으로 나타났다.

부정적인 경우는 존 레논의 암살사건과 『호밀밭의 파수꾼』 사이의 밀접한 관계라고 할 수 있다. 1980년, 『호밀밭의 파수꾼』은 존 레논의 살인사건과 관련해 커다란 화제의 대상이 되었다. 존 레논을 죽인 마크 데이빗 채프먼이 홀든 콜필드에 매료되어 있었고, 심지어는 존 레논을 저격할 때에도 『호밀밭의 파수꾼』을 갖고 있었기 때문이었다. 레논의 등에 다섯 발의 총탄을 발사한 후, 채프먼은 경찰이 도착하기를 기다리는 동안 『호밀밭의 파수꾼』을 꺼내들고 읽고 있었다. 콜필드가 기성세대를 가짜라고 생각했던 것처럼, 채프먼 역시 레논을 가

한 시대를 뒤흔든
샐린저의 젊었을 때 모습.

짜라고 생각했던 것처럼 보이는 대목이다.

샐린저는 자신의 독특한 상상력을 통해 많은 사람들의 삶을 바꾸어 놓았던 영향력 있고 특이한 작가였다. 그중에는 존 레논의 살해범처럼 책을 잘못 읽은 경우도 있었지만, 대부분은 『호밀밭의 파수꾼』을 읽으며 주인공 홀든 콜필드와의 경험공유를 통해 긍정적인 변화를 경험했던 것처럼 보인다. 해밀턴은 법정에서 만난 샐린저를 회상하면서, "그에게는 어떤 귀족적인 데가 있었다. 남을 경멸하는 태도가 아닌 어떤 품위 같은 것 말이다."라고 말했다. 샐린저는 상류계층이나 신흥부자들의 속물근성을 경멸했지만, 동시에 조야하고 저속한 통속문화나 상업주의 또한 싫어했다. 그런 의미에서 그는 모더니즘적 요소와 포스트모더니즘적 요소를 동시에 다 갖고 있었던, 경계선상에 위치했던 작가였다고 할 수 있다. 그가 사회를 떠나 은둔한 이유 중 하나도 어쩌면 자신의 그런 모순성과 복합성 때문인지도 모른다.

어차피 완벽한 유토피아적 사회란 존재하지 않는다. 그런 사회로부터 은둔한 샐린저는 앞으로도 계속 베일에 싸인 채 살아갈 것이다. 그리고 언젠가 그가 타계한 후, 우리는 그의 금고에서 미발표 유고들을 발견하게 되는지도 모른다. 그때,

그의 숨겨진 소설들은 다시 한번 시대를 초월해 새로운 상상력으로 우리를 감동시키고, 우리를 변화시킬 것이다. 그때가 올 때까지 샐린저와 그의 대표작 『호밀밭의 파수꾼』은 문단의 전설로 남아, 문학에 뜻이 있는 모든 사람들의 가슴에 설렘과 희망의 모닥불을 지펴줄 것이다. 샐린저는 현실에서 벗어나 신화의 세계로 들어간 전설적인 작가로 우리의 마음속에 영원히 기억될 것이다.

참고문헌

Belcher, William F. & Lee, James W. ed., *J. D. Salinger and the Critics,* Belmont, California : Wadsworth Publishers, 1962.

Bloom, Harold, ed., *J. D. Salinger,* New York : Chelsea House, 1987.

Feldman, Gene & Gartenberk, Max, ed., *The Beat Generation and the Angry Young Men,* New York: Dell, 1958.

French, Warren, *J. D. Salinger,* Boston : Twayne, G. K. Hall, 1963.

Galloway, David, *The Absurd Hero in American Fiction: Updike, Styron, Bellow, Salinger,* Austin : U. of Texas Press, 1970.

Hamilton, Ian, *In Search of J. D. Salinger,* New York : Random House, 1988.

Laser, Marvin & Fruman, Norman, *Studies in J. D. Salinger,* New York: Odyssey, 1963.

Miller, James, E., *J. D. Salinger.* Minneapolis : U. of Minnesota Press, 1965.

Pinsker, Sanford, *The Catcher in the Rye : Innocence under Pressure,* New York : Twayne Publishers, 1993.

Salinger J. D., *The Catcher in the Rye,* Boston : Liitle Brown & Co., 1951.

_____, *Nine Stories,* Boston : Little Brown & Co., 1953.

_____, *Franny and Zooey,* Boston : Little Brown & Co., 1961.

_____, *Raise High the Roof Beam, Carpenters and Seymore: An Introduction,* Boston : Little Brown & Co., 1963.

Salzberg, Joel, *Critical Essays on Salinger's The Catcher in the Rye,* Boston : G. K. Hall & Co., 1990.

Wenke, John, *J. D. Salinger: A Study of the Short Fiction,* Boston : Twayne, G.K. Hall & Co., 1991.

J. D. 샐린저, 윤용성 옮김, 『호밀밭의 파수꾼』, 문학사상사, 1993.

J. D. 샐린저와 호밀밭의 파수꾼

펴낸날	초판 1쇄 2005년 3월 10일
	초판 4쇄 2018년 9월 28일

지은이	김성곤
펴낸이	심만수
펴낸곳	(주)살림출판사
출판등록	1989년 11월 1일 제9-210호

주소	경기도 파주시 광인사길 30
전화	031-955-1350 팩스 031-624-1356
홈페이지	http://www.sallimbooks.com
이메일	book@sallimbooks.com

ISBN	978-89-522-0349-6 04080
	978-89-522-0096-9 04080(세트)

376 좋은 문장 나쁜 문장　　eBook

송준호(우석대 문예창작학과 교수)

어떻게 좋은 문장을 쓸 수 있을 것인가? 우선 좋은 문장이 무엇이고 그렇지 못한 문장은 무엇인지 알아야 할 것이다. 대학에서 글쓰기 강의를 오랫동안 해 온 저자가 수업을 통해 얻은 풍부한 사례를 바탕으로 문장교육을 제대로 받지 못한 독자들에게 좋은 문장으로 가는 길을 제시하고 있다.

051 알베르 카뮈　　eBook

유기환(한국외대 불어과 교수)

알제리에서 태어난 프랑스인, 파리의 이방인 알베르 카뮈에 대한 충실한 입문서. 프랑스 지성계에 혜성처럼 등장한 카뮈의 목소리는 늘 찬사와 소외를 동시에 불러왔다. 그 찬사와 소외의 이유, 그리고 카뮈의 문학, 사상, 인생의 이해와, 아울러 실존주의, 마르크스주의 등 20세기를 장식한 거대담론의 이해를 돕는 책.

052 프란츠 카프카　　eBook

편영수(전주대 독문과 교수)

난해한 글쓰기와 상상력으로 문학사에 커다란 발자취를 남긴 카프카에 관한 평전. 잠언에서 중편 소설 「변신」 그리고 장편 소설 『실종자』와 『소송』 그리고 『성』에 이르기까지 카프카의 거의 모든 작품에 대한 해석을 담고 있다. 또한 이 책은 카프카의 잠언과 노자의 핵심어인 도(道)의 연관성을 추적하는 등 새로운 관점도 보여 준다.

271 김수영, 혹은 시적 양심　　eBook

이은정(한신대 교양학부 교수)

힘과 새로움으로 가득 차 있는 김수영의 시 세계. 그 힘과 새로움의 근원을 알아보고 지금까지와는 다른 새로운 독법으로 그의 시 세계를 살펴본다. 그와 그의 시에 대해 깊은 애정을 가진 저자는 김수영의 이해를 위한 충실한 안내자 역할을 자처한다. 김수영의 시 세계를 향해 한 발 더 들어가 보고자 하는 독자들에게 유익한 책이다.

369 도스토예프스키 eBook

박영은(한양대학교 HK 연구교수)

『카라마조프가의 형제들』과 『죄와 벌』로 유명한 러시아의 대문호 도스토예프스키. 그의 작품에 등장하는 생생한 인물들은 모두 그의 힘들었던 삶의 경험과 맞닿아 있다. 한 편의 소설 같은 삶을 살았으며, 삶이 곧 소설이었던 작가 도스토예프스키의 생의 한가운데 서서 그 질곡과 영광의 순간이 작품에 어떻게 드러나는지를 살펴본다.

245 사르트르 참여문학론 eBook

변광배(한국외대 불어과 강사)

사르트르의 『문학이란 무엇인가』에서 전개된 참여문학론을 소개하면서 억압받는 자들을 위한다는 기치를 높이 들었던 참여문학론의 의미를 성찰한다. 참여문학론의 핵심을 이루는 타자를 위한 문학은 자기 구원의 메커니즘에 문제가 생겼을 때 이 문제를 해결하고, 그 메커니즘을 보충하는 이차적이고도 보조적인 문학론이라고 말한다.

338 번역이란 무엇인가 eBook

이향(통역사)

번역에 대한 관심이 날로 늘어 가고 있다. 추상적이거나 어렵게 느껴지는 번역 이론서들, 그리고 쉽게 읽히지만 번역의 전체 그림을 바라보기에는 부족하게 느껴지는 후일담들 사이에 다리를 놓는 이 책은 번역의 이론과 실제를 동시에 접하여 번역의 큰 그림을 그리고자 하는 독자들에게 안성맞춤이다.

446 갈매나무의 시인, 백석 eBook

이숭원(서울여대 국문과 교수)

남북분단 이후 북에 남았지만, 그를 기리는 많은 이들의 노력으로 백석은 현재 우리나라에서 가장 주목받는 시인 중 한 사람이다. 이 책은 시인을 이해하는 많은 방법 중 '작품'을 통해 다가가기를 선택한 결과물이다. 음식 냄새 가득한 큰집의 정경에서부터 '흰 바람벽'이 오가던 낯선 땅 어느 골방에 이르기까지, 굳이 시인의 이력을 들춰보지 않더라도 그의 발자취가 충분히 또렷하다.

053 버지니아 울프 살아남은 여성 예술가의 초상   eBook

김희정(서울시립대 강의전담교수)

자신만의 독창적인 글쓰기 방식을 남기고 여성작가로 살아남는다는 것이 어떤 의미를 갖는지를 보여 준 버지니아 울프와 그녀의 작품세계에 관한 평전. 작가의 생애와 작품이 어우러지는 지점들을 추적하는 방식으로, 모더니즘 기법으로 치장된 울프의 언어 저변에 숨겨진 '여자이기에' 쉽게 동감할 수 있는 메시지들을 해명한다.

018 추리소설의 세계

정규웅(전 중앙일보 문화부장)

추리소설의 역사는 오이디푸스 이야기까지 거슬러 올라간다. 저자는 고전적 정통 기법에서부터 탐정의 시대를 지나 현대에 이르기까지 추리소설의 역사와 계보를 많은 사례를 들어 재미있게 설명하고 있다. 추리소설의 'A에서 Z까지', 누구나 그 추리의 세계로 쉽게 빠져들게 하는 책이다.

199 디지털 게임 스토리텔링   eBook

한혜원(이화여대 디지털미디어학부 교수)

디지털 시대의 새로운 이야기 양식을 소개한 책. 디지털 패러다임의 중심부에 게임이 있다. 이 책은 디지털 게임의 메커니즘을 이야기 진화의 한 단계로서 설명한다. 게임의 역사에 있어서 중요한 패러다임의 변화, 게임이라는 새로운 지평에서 펼쳐지는 새로운 이야기 양식에 대한 분석 등이 흥미롭게 소개된다.

326 SF의 법칙

고장원(CJ미디어 콘텐츠개발국 국장)

과학의 시대다. 소설은 물론이거니와 영화, 애니메이션, 만화, 게임 등 온갖 형태의 콘텐츠가 SF 장르에 손대고 있다. 하지만 SF 콘텐츠가 각광을 받고 있는 것에 비해 이 장르에 대한 깊이 있는 이해를 도울 만한 마땅한 가이드북이 존재하지 않는다. 이 책은 이러한 아쉬움을 채워주기 위한 작은 출발점이 될 것이다.

eBook 표시가 되어있는 도서는 전자책으로 구매가 가능합니다.

㈜살림출판사
www.sallimbooks.com
주소 경기도 파주시 문발동 522-1 | 전화 031-955-1350 | 팩스 031-955-1355